部首识字

跟着《说文解字》系统学汉字

编著 ◎ 李华强　刘波涛

文心出版社
·郑州·

图书在版编目（CIP）数据

部首识字：跟着《说文解字》系统学汉字 / 李华强，刘波涛编著. —郑州：文心出版社，2025.1

ISBN 978-7-5510-2935-3

Ⅰ.①部… Ⅱ.①李… ②刘… Ⅲ.①识字课–小学–教学参考资料 Ⅳ.① G624.223

中国国家版本馆 CIP 数据核字 (2024) 第 027844 号

出 版 社：文心出版社	
地　　 址：河南自贸试验区郑州片区（郑东）祥盛街27号　　邮政编码：450016	
发行单位：新华书店	
承印单位：河南省广电传媒印务有限公司	
开　　 本：787毫米×1092毫米　1/16	
印　　 张：10.75	
字　　 数：210千字	
版　　 次：2025年1月第1版	印　　 次：2025年1月第1次印刷
书　　 号：ISBN 978-7-5510-2935-3	定　　 价：68.00元

如发现印、装质量问题，请与印刷厂联系。　　联系电话：0371-60609319

编著者的话

(代前言)

关于编书缘由及目的：汉字部首始创于东汉许慎的《说文解字》（简称《说文》）。《说文》对9353个汉字的小篆形体进行分析归纳，将具有同形（意）符的字归为一部，共分540部。形符列在该部首位，故称部首。部首字下则说"凡某之属皆从某"，于是形立而音义易明。时至今日，许多部首仍可以统领大量汉字。掌握汉字部首，即抓住了汉字体系的纲领。通过追溯《说文》部首字的起源和造字理据，揭示汉字的生成机制和科学体系，帮助读者提纲挈领地识认汉字，促进系统识字能力和思维能力提升，增强传承许慎文化的自信和担当。

关于本书的内容：以《说文》部首为纲，立足现实生产生活，"近取诸身、远取诸物"，分人体、器官、手脚、房屋、服饰、工具、器物、动物、植物、天文、地理11个义类，解析80个统领能力强的部首起源，归类列举该部首所辖《通用规范汉字表》中一、二级字近5000个，阐明古今部首关联，梳理词义系统，创设记忆线索，构建高效的识字路径和认知模式。

关于说解体例：依类按部说解，分类总表中列举《说文》中该部所辖字和《新华字典》检字表该部所辖字，拣选该部首作形（意）符的字作为孳乳字例，非意符的字作为特殊字例并作说明，编排顺序按一、二级字表顺序排列；讲解部分先列举部首字的起源或对应物象，后列举字形演变，再引用《说文》原文进行部首解析，说明其所统摄字的意义范围；归类说解部分大体依《说文》所分义类编排，《说文》收字列在前，《说文》未收字列在后；字例依《通用规范汉字表》字形为字头，需要出示繁体或异体字形的用括号表示，先列本义音、次列本义，并兼顾部分字的现代常用音义。

关于古文字的选取：本书所选古文字，或许有多种写法，仅选取与物象接近、与字形演变一致、有代表性的字形，多从《甲骨文字诂林》《金文编》《古文字类编》《字源》《说文》等书中选取并扫描处理，大体以时间先后排序。甲骨文、金文、小篆、简书、陶文、货币文、隶书、楷书等，分别简称为甲、金、篆、简、陶、币、隶、楷等；古文、籀文、奇字是指《说文》中收录的重文字体，分别用古、籀、奇表示。

其他要说明的：本书对字源的探求以《说文》为宗，兼取当代古文字学研究成果，故对一些部首字的阐释不全与《说文》一致。为厘清造字法原则的部首和检字法原则的部首的区别，我们对有些字例采取"多开门"的方式，分别收在《说文》部首和所属规定部首之下，如"钦"，在"欠"部和"金（钅）"部中均作说解。书中的"特殊字例"对部首下辖的非意符字以及异源同形字加以解析，为把握形声字的构造特点和探寻汉字来源路径进行了有益尝试。图片以实物为主，其中简笔画由陈晓蕾老师绘制。书名由漯河市书协主席刘颖峰先生题写。

  由于编著者水平所限，书中难免有不足之处，敬请方家和读者批评指正。

2024 年 7 月

目 录

第一章 人体类 …………… 001
  一、子部 …………………… 003
  二、人（亻）部 …………… 004
  三、儿部 …………………… 008
  四、女部 …………………… 009
  五、身部 …………………… 012
  六、老（耂）部 …………… 012
  七、卩（㔾）部 …………… 013
  八、尸部 …………………… 014
  九、欠部 …………………… 015
  十、疒部 …………………… 016

第二章 器官类 …………… 018
  一、页部 …………………… 021
  二、目部 …………………… 022
  三、耳部 …………………… 023
  四、口部 …………………… 024
  五、言（讠）部 …………… 030
  六、心（忄）部 …………… 033
  七、肉（月）部 …………… 036

第三章 手脚类 …………… 040
  一、手（扌）部 …………… 043
  二、又部 …………………… 047
  三、寸部 …………………… 048
  四、力部 …………………… 049
  五、止部 …………………… 050
  六、夂部 …………………… 051
  七、足部 …………………… 052
  八、辵（辶）部 …………… 053
  九、走部 …………………… 055
  十、支（攵）部 …………… 056
  十一、殳部 ………………… 057

第四章 房屋类 …………… 059
  一、厂部 …………………… 060
  二、广部 …………………… 061
  三、宀部 …………………… 062
  四、穴部 …………………… 063
  五、门部 …………………… 064
  六、户部 …………………… 065

第五章 服饰类 …………… 067
  一、糸（纟）部 …………… 068
  二、革部 …………………… 070
  三、巾部 …………………… 071
  四、衣（衤）部 …………… 072

第六章 工具类 …………… 075
  一、刀（刂）部 …………… 076

二、弓部 ·············· 077
三、戈部 ·············· 078
四、斤部 ·············· 079
五、㫃（方）部 ········ 080
六、车部 ·············· 081
七、舟部 ·············· 082

第七章　器物类 ·············· 084
一、皿部 ·············· 086
二、酉部 ·············· 086
三、玉（王）部 ········ 088
四、贝部 ·············· 090
五、网（罒）部 ········ 092
六、金（钅）部 ········ 093
七、示（礻）部 ········ 096

第八章　动物类 ·············· 098
一、牛部 ·············· 100
二、羊部 ·············· 100
三、马部 ·············· 102
四、犬（犭）部 ········ 103
五、鸟部 ·············· 105
六、隹部 ·············· 106
七、羽部 ·············· 107
八、虫部 ·············· 108
九、鱼部 ·············· 111

第九章　植物类 ·············· 113
一、艸（艹）部 ········ 116
二、木部 ·············· 121
三、禾部 ·············· 126
四、竹（⺮）部 ········ 128
五、米部 ·············· 130
六、食（饣）部 ········ 131

第十章　天文类 ·············· 133
一、日部 ·············· 134
二、月部 ·············· 135
三、雨部 ·············· 136
四、火（灬）部 ········ 137

第十一章　地理类 ·············· 140
一、土部 ·············· 143
二、石部 ·············· 145
三、山部 ·············· 147
四、阜（阝左）部 ······ 149
五、邑（阝右）部 ······ 150
六、水（氵）部 ········ 152
七、仌（冫）部 ········ 157
八、口部 ·············· 158
九、彳部 ·············· 159

名词解释 ·············· 161
参考书目 ·············· 165

第一章 人体类

部首	起源物象	象形文字	孳乳字例 《说文解字》该部所辖	孳乳字例 《新华字典》检字表该部所辖	特殊字例
子			孕字孪孺季孟孽挚孤存	子孓孔孙孝孛孚学孢孥孩孵	孜享孰
人（亻）			僅保仁企仞仕佼俅佩儒俊伉伯仲伊倩佳傀伟份僚傩倭侨俟侗佶健傲亿倨俨俚伴俺倬儆俶仿佛佗何儋供储位傧伶伦侔偕俱傅倚依仍侍倾侧付侠仰伍什佰作假借侵候偿代仪傍似便任僖俭俗俾倪使伶俪传佰价仔伸倍僭偏长俦佃佻僻伎侈伪倡佚俄侮僵仆偃伤催俑伏促例伐俘但伛偻仇偏值像倦偶僕仙侥件侣倜侊俏倒侩低债停伺僧伫侦	仄介从以佘众巫曳亿仃化仉仂仅仨仗们他休优伙估体佐佑你住侄俩修俏俐信侯倘俯做偎偷傻佣仫伢低件伧传攸佝佟伽佬侑侉倪侏伴侬俣俸俵倨俳侄倩偈偬傣傈傈	个仑今仓丛令全会合伞佘余佥含舍命贪念衾俞俎拿龛盒舒畬翕禽愈僉
儿			兀允兑充	元兄尧光先克党竞竟兜兢	兆咒兖

| 002 | **部首识字** |

续表

部首	起源物象	象形文字	孳乳字例 《说文解字》该部所辖	孳乳字例 《新华字典》检字表该部所辖	特殊字例
女			姓姜姬嬴姚妁姹媒奼嫁娶婚姻妻妇妃媲妊娠妪媪姐姑威妣姊妹娣嫂姨姆媾婢奴娲娥婕始媚妩姝好姣婉嫣嫔嬗娑妓婴媛娉妆娈嬖妒妖佞姿妨妄妯嫌婀妍娃嫖嫚嫠娄娆姗媒妍奸嫱妲娇婵娟嫠	要耍奶她妈妥妙妮姥娜娘婆婶婿媳嫉嫩妾妞姒好娅姮娌娩婊娼婷朕媛熳嫦螺嬉嬷嬬	舀
身			躯	射躬躲躺	
老（耂）			耋耄耆考孝		者煮耆
卩（㔾）			厄卷却卸	叩印即卿危	卫卯卵
尸			居屑展届尻尼屠屡	尺屁尿尾屈届屎属履屐屙屠屣屦	尽局屋昼咫屏层犀羼
欠			钦吹欤歇欢欣款欲歌歙欧歔歉歙次欺歙		炊
疒			疾痛病疴瘵瘝痫疵疢痒瘿瘘疝痱瘤痤疽痛癣疥痂疠疟痔痿痹瘃痨瘢痕痊瘦疸痞疲癃疫瘾疗痼瘌瘖疹	疙疚疮疯疤症疹疼痊痘痢瘓痴痰瘤瘟瘭瘫瘾瘸癌疗疖病疣疖疱痣瘩痧瘦瘁瘆瘊瘙瘠瘰瘴瘢癫癔癣癖癞瘅	

一、子部

字形演变

【子 zǐ】

孚 甲　孚 金　🙰 古　🙰 籀
🙰 篆　子 隶　子 楷

部首解析

《说文解字·子部》："子，十一月，阳气动，万物滋，人以为称。象形。凡子之属皆从子。孚，古文子，从巛，象发也。𢀂，籀文子，囟有发，臂、胫在几上也。"（译文：子，代表十一月，这时阳气发动，万物滋生，人假借"子"作为称呼。字形像婴儿的样子。大凡子的部属字都跟子的意义相关。孚，古文写法的"子"字，从"巛"，"巛"像婴儿的头发。𢀂，籀文写法的"子"字，脑门儿顶有头发，手臂和腿都在"几"案上。）

古文字"子"像有头发的幼儿形，上像大头，下像两臂及下肢。本义指婴幼儿。引申指儿女，今多指儿子；古代对男子的美称或尊称，如孔子、孟子等；引申为动物的卵及幼仔或植物的种子、果实等。"子"假借为地支的第一位，用于纪年、月、时，子年为鼠年，子月即农历十一月，子时指二十三时至凌晨一时。现代汉字中，"子"作为偏旁组字时常在左侧，写作"孑"（中横变提）。"子"作意符组构的字，大多与孕育、孩童称谓相关。

归类识字

1.表示孕育。

孕：yùn，怀胎。
字：zì，生孩子。
孪：luán，双生，一胎两个。
孳：zī，繁殖、生息。
孢：bāo，繁殖体。
孚：fú，孵化。
孵：fū，孵化。

2.表示孩童称谓。

孺：rú，小孩子，尤指幼儿。
季：jì，年少者的称呼。
孟：mèng，同辈中年事大的。
孽：niè，非正妻所生的儿子。
孤：gū，幼年丧父，即孤儿。
孙：sūn，儿子的儿子。
孩：hái，小儿。
孥：nú，儿女。
孑：jié，缺少右臂。
孓：jué，缺少左臂。

3.表示与孩童相关的其他意义。

存：cún，慰问。今多表示生存义。
孔：kǒng，洞穴、窟窿。
孝：xiào，尽心尽力地奉养父母。
孛：bó，人容光焕发的样子。今读作bèi。
学：xué，学习。

特殊字例

1."孜"中的"子"作声旁，表示读音，与子的意义无关。

孜：zī，双音词"孜孜"，勤勉、努力

不懈的样子。

2. "享、孰"中的"子"是由其他物形讹变而成，与子的意义无关。

享：xiǎng，向神灵或祖先进献食物。
孰：shú，食物做熟。今假借为虚词。

二、人（亻）部

字形演变

【人 rén】

亻甲　人金　尺籀　人隶　人楷

部首解析

《说文解字·人部》："人，天地之性最贵者也。此籀文。象臂胫之形。凡人之属皆从人。"（译文：人，天地生物中最可宝贵的生物。这是籀文。像手臂腿胫的样子。大凡人的部属字都跟人的意义相关。）

古文字"人"像侧面而立的人形，由头、背和臂胫组成。《说文》认为，人是天地生物中最贵者。现代观点认为，人是一种高级生物，有理性思维，能使用工具。"人"作偏旁时多置于字的左侧，写作"亻"，称"单立人"。"人"作意符组构的字，大多与人的类别、行为、状态、性情等相关。

归类识字

1.表示人的类别。

僮：tóng，未成年的男子。
儒：rú，性格柔和的人。
俊：jùn，才智超过千人。
伉：kàng，人名。
伯：bó，长，兄弟中排行第一的人。
仲：zhòng，排行第二。
伊：yī，殷朝的圣人阿衡，正确治理天下的人。
倩：qiàn，古代男子的美称。
位：wèi，站立的位置。
侪：chái，同辈，同类的人。
伦：lún，辈，类。
侔：móu，等同，相等。
侠：xiá，轻财放任而称雄。
俪：lì，配偶。
倌：guān，地位低下的臣仆。
伎：jì，党与、同党的人。
倡：chàng，歌舞乐人。
佚：yì，隐逸的人。
俑：yǒng，痛，又指殉葬用的木制或陶制的偶人。
俘：fú，军队擒获的敌人。
仇：qiú，配偶；引申为怨恨，读作chóu。
偶：ǒu，桐木雕的人像。
僰：bó，犍为郡少数民族之称。
仙：xiān，仙人。
侥：yáo，古代传说中的矮人。
侣：lǚ，伴侣、同伴。
侩：kuài，旧指以替别人介绍买卖从中获利为职业的人。
僧：sēng，和尚。
们：men，用在代词或指人的名词后

面，表示复数。

他：tā，第三人称。

优：yōu，古代表演乐舞、杂戏的人。

伙：huǒ，古代军队中的一级单位，由十个人组成。

众：zhòng，许多人。

你：nǐ，称对方（一个人）。

侄：zhí，女人对其兄的女儿的称呼。

仉：zhǎng，姓。

仟：qiān，古代军制，千人之长。

仫：mù，仫佬族，中国少数民族之一。

巫：wū，巫祝，即专以装神弄鬼替人祈祷为业的人。

伢：yá，方言，小孩儿。

佤：wǎ，佤族，中国少数民族之一。

佟：tóng，姓氏。

伽：qié，伽蓝，佛寺。

佬：lǎo，成年的男子（含轻视意）。

侏：zhū，身材异常矮小的人。

侬：nóng，我（多见于旧诗文）。

偌：ruò，这么、那么。

傣：dǎi，傣族，中国少数民族之一。

僳：sù，傈僳族，中国少数民族之一。

2.表示人的行为。

保：bǎo，养育。

企：qǐ，抬起脚后跟站着。

仞：rèn，伸直两臂，表示长度。

仕：shì，学习做官。

佼：jiǎo，交往。后作美好义。

俨：yǎn，昂首。

佗：tuó，负荷。

何：hè，负荷；今多读作 hé，借以表示疑问词。

儋：dān，肩荷。

供：gòng，摆设、供给。

储：chǔ，储蓄待用。

傅：fù，辅佐。

儆：jǐng，警戒，戒备。

傧：bīn，导引客人。

倚：yǐ，依靠物体。

依：yī，倚靠。

侍：shì，承奉。

倾：qīng，偏斜。

付：fù，给予。

仰：yǎng，抬头。

伍：wǔ，或三或五交互错杂。

什：shí，以十户或十人为单位，相互担保。今多读作 shén。

佰：bǎi，以百户或百人为单位，相互担保。

作：zuò，起立。

借：jiè，借用。

侵：qīn，渐进。

候：hòu，观察守望。

偿：cháng，归还，赔偿。

傍：bàng，靠近、临近。

任：rén，保举。今读作 rèn。

俭：jiǎn，行为约束。

俗：sú，习惯。

使：shǐ，命令。

伶：líng，戏弄。

仔：zī，肩负的任务；又读 zǎi，表示小孩。

伸：shēn，伸直、伸展。

倍：bèi，违反。

僭：jiàn，下级假冒上级的职权。

偏：piān，不正，倾斜。

伥：chāng，猖狂。

俦：dào，隐蔽。今读作 chóu。

佻：tiāo，轻薄。

僻：pì，避开。

侈：chǐ，蒙蔽在上位的，胁迫控制其

他人。

伪：wěi，欺诈。
俳：pái，杂戏。诙谐；滑稽。
俄：é，行步而头倾侧。
侮：wǔ，轻慢，不敬重。
偾：fèn，倒地。
僵：jiāng，倒地。
仆：pū，以头叩地。
偃：yǎn，仰卧。
催：cuī，催促。
伏：fú，伺候。
伐：fá，击杀。
值：zhí，措置、放置。
件：jiàn，分解，分割开。
佾：yì，古代乐舞的行列。
倒：dǎo，倒下。
低：dī，低下头。
债：zhài，欠别人的钱财。
伺：sì，候望、探察。
侦：zhēn，察探、了解。
从：cóng，随行、跟随。
以：yǐ，用。
仗：zhàng，执、拿着。
休：xiū，休息。
佐：zuǒ，辅助、帮助。
佑：yòu，保护、佑助。
住：zhù，停留。
臾：yú，捆绑拖拉。
修：xiū，修饰、装饰。
倘：tǎng，忽然停止；借以表示假使、如果义。
俯：fǔ，低头。
做：zuò，进行工作或活动。
偎：wēi，亲近。
偷：tōu，偷盗。
停：tíng，停止、止息。

侑：yòu，相助。
佯：yáng，假装。
俵：biào，散发、分给。

3.表示人的状态。

傀：guī，魁伟。
伟：wěi，奇异。
份：bīn，形式和内容兼备。今读作 fèn。
僚：liáo，美好的样子；今借以表示官僚义。
儺：nuó，行走有节度。
倭：wēi，顺从的样子。今读作 wō。
侨：qiáo，高。
侇：sì，大。
侗：tōng，大的样子。
俁：yǔ，大。
健：jiàn，强壮有力。
仡：yì，勇猛雄壮的样子。
伴：bàn，大的样子；今借以表示伴侣义。
俺：yàn，大；今读作 ǎn，表示我、我们。
倬：zhuō，显明而大。
仿：fǎng，相似。
佛：fú，看不清楚。
偕：xié，强壮。
似：sì，像、相像。
便：pián，安适；今或读 biàn，表示变更、便利义。
伵：gōu，愚昧。
伤：shāng，创伤。
促：cù，紧迫；又指急促、赶快。
但：tǎn，裸露上身；今借以表示但是义，读作 dàn。
伛：yǔ，驼背。
偻：lóu，背脊弯曲。今或读 lǚ。
儡：léi，容颜败坏。今读作 lěi。

像：xiàng，相似。

倦：juàn，疲劳。

倜：tì，洒脱、不拘束。

傥：tǎng，洒脱不拘，不拘于俗。

伫：zhù，久立。

仄：zè，倾斜。

氽：tǔn，漂浮。

俏：qiào，相貌美好。

偬：zǒng，倥偬。

4.表示人的性情。

仁：rén，亲爱。

佳：jiā，美好。

傲：ào，骄傲、傲慢无理。

倨：jù，不恭顺。

俚：lǐ，聊赖。

僖：xī，喜乐。

价：jiè，善；"价"又是"價（jià）"的规范字，表示价值义。

俶：chù，美好。

俐：lì，伶俐。

信：xìn，诚实。

傻：shǎ，愚蠢、不聪慧。

仃：dīng，伶仃。

伧：cāng，粗俗。

佞：nìng，用花言巧语谄媚。

体：tǐ，劣、粗笨；"体"还是"體"的规范字，表示身体。

侃：kǎn，刚强正直。

倥：kōng，蒙昧无知的样子。

偈：jié，快速奔跑；又读 jì，指佛经中的唱词。

5.表示人的财物。

俅：qiú，帽子的装饰。

佩：pèi，系在大衣带上的装饰品。

传：zhuàn，传车驿马；引申指传递、传送，读作 chuán。

佃：diàn，中等车乘。

介：jiè，铠甲。

侯：hóu，箭靶。

俸：fèng，俸禄、薪俸。

僳：lì，宗庙中的牌位。傈僳族，中国少数民族之一。

6.表示与人相关的抽象意义。

佶：jí，正确。

佣：yōng，平均，工钱。今读作 yòng。

俱：jù，共同。

仍：réng，依旧。

侧：cè，旁边。

假：jiǎ，不真实。

仅：jǐn，才能够。

代：dài，更迭，代替。

仪：yí，法度。

俾：bǐ，增益。

倪：ní，裨益。

亿：yì，安宁；今借以表示数目义。

侉：kuǎ，表示疲惫的虚词。

例：lì，类。

化：huà，变化、改变。

估：gū，讨论物价；商人。

俩：liǎ，两个。

仂：lè，尽力、努力。

仨：sā，量词。

仵：wǔ，匹配，对等。

攸：yōu，使水平稳地流动；借以表示"所"义。

> 🔖 **特殊字例**

1."个、仑、今、仓、令、全、会、合、伞、余、佘、佥、舍、命、俞、俎、禽"中的"人"是由其他字（物）形演变而成，与人无关。

个：gè，一枝竹，今作通用个体量词。

仑：lún，条理、次序。
今：jīn，现在。
仓：cāng，粮仓。
令：lìng，发布命令。
全：quán，完整、完好。
会：huì，会合。
合：hé，闭合、关闭。
伞：sǎn，车盖。
余：yú，房子。
舍：shè，客馆。
命：mìng，差遣、使令。
禽：qín，捕鸟兽的网。
佘：shé，本写作余。假借为姓氏。
佥：qiān，众多个说话。
俞：yú，用中间挖空的树木制成船。
俎：zǔ，祭祀时放牛羊等祭品的案几。

2. "丛"中"一"作形旁，"从"作声旁。"人"是声旁"从"的部件，在字中没有独立意义。

丛：cóng，聚集。

3. "含、贪、念、衾"中分别是"口、贝、心、衣"作形旁；"今"作声旁。"人"是声旁"今"的部件，在字中没有独立意义。

含：hán，含在嘴里。
贪：tān，不择手段地获取财物。
念：niàn，长久想念。
衾：qīn，大被子。

4. "龛、盒、翕"中分别是"龙、皿、羽"作形旁，"合"作声旁。"人"是声旁"合"的部件，在字中没有独立意义。

龛：kān，龙的样子。
盒：hé，盘子的盖。
翕：xī，鸟起飞。

5. "拿、舒"是会意字，"人"分别是意符"合、舍"的部件，在字中没有独立意义。

拿：ná，手握持。
舒：shū，伸展，展开。

6. "畲、愈、倏"中分别是"田、心、犬"作形旁，"佘、俞、攸"作声旁。"人"是声旁的部件，在字中没有独立意义。

畲：shē，少数民族之一。
愈：yù，更加。
倏：shū，犬疾行。

三、儿部

字形演变

【儿 rén】

彳甲 彳金 儿奇 儿隶 儿楷

部首解析

《说文解字·儿部》："儿，仁人也。古文奇字人也。象形。孔子曰：'在人下，故诘屈。'凡儿之属皆从儿。"（译文：儿，仁爱的人。古文"人"字的异体。象形字。孔子说："儿组字时在字的下部，所以形体弯曲。"大凡儿的部属字都跟儿的意义相关。）

《说文》认为，"儿"是"人"的奇字（奇字是王莽时期的一种官方字体，可视作是东方六国古文的异体字），因其构字时多在字的下边，故形体弯曲，写作"儿"形。本义是人。"儿"还是"兒（ér，作姓时读 ní，不作简化）"的简化字。"儿"作意符组构的字，大多与人相关。

归类识字

表示与人相关。

兀：wù，人头。

允：yǔn，诚信。

兑：duì，喜悦。

充：chōng，长，高。

兄：xiōng，兄长。

兢：jīng，小心谨慎。

兜：dōu，古代作战时戴的盔。

先：xiān，前进。

元：yuán，人头。

光：guāng，由"火"在"人"上会意。本义为光芒、光亮。

尧：yáo，繁体作"堯"，由表示人头的"兀"和表示高的"垚"会意。本义为高远。

克：kè，战胜、攻占。

党：dǎng，民族，姓氏。"党"还是"黨"的规范字。

竞：jìng，像两个人一起向前奔跑的样子。

竟：jìng，奏乐完毕。

特殊字例

1. "兆"中的"儿"表示裂纹。

兆：zhào，龟甲烧后的裂纹。

2. "兕"中的"儿"是由其他物形演变而来。

兕：sì，犀牛一类的动物，样子像水牛而毛色青。

3. "兖"中的"儿"是声旁"允"的部件，在字中没有独立意义。

兖：yǎn，水名。

四、女部

字形演变

【女 nǚ】

甲 金 篆 隶 楷

部首解析

《说文解字·女部》："女，妇人也。象形。王育说。凡女之属皆从女。"（译文：女，女人。象形字。这是王育的说法。大凡女的部属字都跟女的意义相关。）

甲骨文、金文"女"像两手交叉于胸前、屈膝跪坐的妇女。本义指女性。特指没有出嫁的女子。古代"女"通"汝"，意为"你"。现代汉字中，"女"作偏旁时常在左边，写作"𡛼"（上横右不出头）。"女"作意符组构的字，大多与姓氏、婚育、身份、体貌、品行等相关。

归类识字

1.表示与姓氏相关。

姓：xìng，人出生的那个家族的姓氏。

姜：jiāng，神农氏的姓氏。

姬：jī，黄帝族的姓氏。

嬴：yíng，少昊族的姓氏。

姚：yáo，虞舜的姓氏。
妫：guī，虞舜的姓氏。
妞：niū，姓氏。

2.表示与婚育相关。

媒：méi，谋划婚事。
妁：shuò，斟酌婚事。
嫁：jià，女子出嫁。
娶：qǔ，把女子接过来成亲。
婚：hūn，妻子的家。
姻：yīn，女婿的家。
妻：qī，男子的配偶。
妇：fù，已婚的女子。
妃：fēi，婚配。
媲：pì，配偶。
妊：rèn，怀孕。
娠：shēn，胎儿在母体中微动。
媾：gòu，重叠互结为婚亲、姻亲。
嫡：dí，古代的正妻；谨慎。
始：shǐ，女子的初生。
娉：pìn，媒人问女方名字。
嫠：lí，寡妇。
奶：nǎi，乳房。
娩：miǎn，生孩子。
媵：yìng，指随嫁，陪送出嫁。
孀：shuāng，丈夫死亡后未再结婚的女人。

3.表示与身份相关。

妪：yù，母亲。
媪：ǎo，对老年妇女的敬称。
姐：jiě，蜀地叫母亲作姐；今称比自己年纪大的同辈女性。
姑：gū，丈夫的母亲；今称丈夫的姐妹，父亲的姐妹。
威：wēi，丈夫的母亲；引申指威严。
妣：bǐ，死去的母亲。
姊：zǐ，女人中同父母而又比自己大的。
妹：mèi，女人中同父母而又比自己小的。
娣：dì，古代同嫁一夫的女子中的年幼者。
姨：yí，妻子的姐妹都已出嫁的称姨。
婢：bì，旧社会里被役使的女子。
奴：nú，奴隶、奴仆，都是古代的罪人。
娲：wā，古代神圣的女人。
娥：é，帝尧的女儿，舜的妻子。
媭：xū，女人名字的表字，古代楚国人称姐姐。
婕：jié，女子人名用字。
妗：jìn，女子轻薄或善笑的样子；今指舅母。
嫔：pín，服侍男人的妇人。
嬖：bì，旧时出身卑微而受宠幸的人。
妯：zhóu，扰动义；今指兄和弟的妻子的合称或互称。
嫫：mó，丑妇。
嫱：qiáng，古代宫廷里的女官。
妲：dá，女子人名用字；妲己，商代纣王的宠妃。
妾：qiè，有罪的女人。
她：tā，本为姐的异体字，今指女性第三人称。
妈：mā，母亲。
妮：nī，婢女。
姆：mǔ，对未嫁的女子进行妇道教育的女教师。
姥：mǔ，老年妇女的俗称；今读lǎo，指外祖母。
娘：niáng，年轻女子；今多指母亲。
婶：shěn，叔父的妻子。
嫂：sǎo，兄长的妻子。
婿：xù，丈夫。
媳：xí，儿子的配偶。

姒：sì，弟弟的妻子对兄长的妻子的称呼。

妤：yú，美称。

娅：yà，连襟，姊妹之夫相互的称谓。

姮：héng，女子人名用字；姮娥，即嫦娥。

娌：lǐ，匹、偶。

婊：biǎo，娼妓。

娼：chāng，古代从事歌舞的女艺人。

嫒：ài，尊称别人的女儿。

嫦：cháng，嫦娥。

嫘：léi，姓。

嬷：mó，母亲的俗称。

4.表示与体貌相关。

媚：mèi，悦目、可爱。

妩：wǔ，娇媚。

姝：shū，女子美丽。

好：hǎo，貌美。

姣：jiāo，容貌美好。

嫣：yān，女子身体柔弱修长的样子。

委：wěi，逶迤。

婧：jìng，肃静而立。

娴：xián，文雅，柔美文静。

婆：pó，张、大。后作老年妇女义。

娑：suō，起舞的样子。

媛：yuàn，美女。

姿：zī，姿态。

婀：ē，婀娜，柔美的样子；《说文》为犹豫不决、无主见义。

娃：wá，眼睛圆而深的样子。

嫖：piào，身体轻便；另读piáo，邪淫。

娇：jiāo，柔美可爱。

婵：chán，婵娟，形容女子姿态美好。

娟：juān，婵娟，多指姿态美。

要：yāo，人腰；又读yào，表示请求、索取等义。

嫩：nèn，美好的样子。

妙：miào，纤细美好。

娜：nuó，婀娜，美貌；另读nà，多用于女子人名用字。

姹：chà，少女；美女。

婷：tíng，娉婷，美好貌。

媸：chī，相貌丑。

5.表示与美好的品性、行为相关。

婉：wǎn，柔顺。

娈：luán，顺从、思恋。

娓：wěi，顺从。

如：rú，遵从、依照。

妖：yāo，巧慧；另义是女子笑貌。

妍：yán，巧慧。

6.表示与丑恶的品性、行为相关。

婺：wù，不顺从。

妒：dù，妇女忌妒丈夫。

佞：nìng，用花言巧语谄媚。

妨：fáng，损害。

妄：wàng，胡乱。

嫌：xián，因怨恨心里不平静。

嫚：màn，轻侮、侮辱。

婪：lán，贪婪。

娆：niǎo，烦扰、戏弄。今读作ráo。

姗：shān，诽谤。

姘：pīn，除掉；男女私合。

奸：jiān，奸淫。

耍：shuǎ，戏耍。

嫉：jí，妒忌。

7.表示与女性物品相关。

妓：jì，妇人所用小物品。

婴：yīng，妇女颈饰。

8.表示与女子的抽象意义相关。

娱：yú，快乐、欢娱。

嬗：shàn，宽缓。

妆：zhuāng，梳妆打扮。

娄：lóu，物体中空。
妥：tuǒ，安稳、安定。
嬉：xī，游戏。

特殊字例

"胬"中"肉"作形旁，"奴"作声旁。"女"是声旁"奴"的部件，在字中没有独立意义。

胬：nǔ，胬肉。

作意符组构的字，大多与人的身体相关。

归类识字

表示与人的身体相关。

躯：qū，身体。
射：shè，拉弓放箭。
躬：gōng，整个身体。
躲：duǒ，身；今指躲藏。
躺：tǎng，平卧或侧卧。

五、身部

字形演变

【身 shēn】

部首解析

《说文解字·身部》："身，躳也。象人之身。从人，厂（yì）声。凡身之属皆从身。"（译文：身，全身。像人的身躯。人作形旁，厂作声旁。大凡身的部属字都跟身的意义相关。）

甲骨文"身"像女人有身孕、腹部隆起的样子，腹内的点表示胎儿。本义指女人怀有身孕。古代称女子怀孕为"重身"，如《素问》："人有重身，九月而喑。"现代口语中仍称怀孕为"有身子"。引申指人或动物的躯体。现代汉字中，"身"作偏旁时写作"身"（下撇右边不出头）。"身"

六、老（耂）部

字形演变

【老 lǎo】

部首解析

《说文解字·老部》："老，考也。七十曰老。从人、毛、匕（huà）。言须发变白也。凡老之属皆从老。"（译文：老，老年人。七十岁称老。由人、毛、匕会意。大凡老的部属字都跟老的意义相关。）

古文字"老"像躬背老人手持拐杖形，字形与"长"相似，其区别在于"老"字中的人发短而上直，虽寥寥几笔，却描绘了年迈人的形貌。本义指七十岁的人。泛指年纪大。引申为原来的、旧的、时间长的事物。在现代汉字中，"老"作偏旁组字时常写作"耂",称"老省"。"老"作意符组构的字,大多与老年人相关。

归类识字

表示与老年人相关。

耋：dié,年岁八十。
耄：mào,年岁九十。
耆：qí,老年。
考：kǎo,老年人。
孝：xiào,尽心尽力地奉养父母。

特殊字例

1. "者"中的"耂"是由其他字形演变而成,与老无关。
者：zhě,虚词。
2. "煮、翥"中"火（灬）、羽"作形旁,"者"作声旁。"耂"是声旁"者"的部件,在字中没有独立意义。
煮：zhǔ,把东西放在有水的锅里加热使熟。
翥：zhù,飞起。

七、卩（㔾）部

字形演变

【卩（㔾）jié】

甲 金 篆 楷

部首解析

《说文解字·卩部》："卩,瑞信也。守国者用玉卩,守都鄙者用角卩,使山邦者用虎卩,土邦者用人卩,泽邦者用龙卩,门关者用符卩,货贿用玺卩,道路用旌卩。象相合之形。凡卩之属皆从卩。"（译文：卩,信验凭证。把守邦国的诸侯在境内用玉做的符节,把守都城和边界的大夫在境内用犀牛角做的符节,出使山陵之国用刻有虎形的铜符节,出使平原国家用刻有人形的铜符节,出使湖泽国家用刻有龙形的铜符节,管门守关的用竹做的符节,管理货币财物的用刻有印章的符节,管理道路交通的用装饰有五色羽毛的符节。"卩"的小篆字形像中分而相互吻合的形状。大凡卩的部属字都跟卩的意义相关。）

古文字"卩"像手放在膝上的跪踞人形。本义指跪坐的人。上古无桌椅,先秦两汉时的人聚会、就餐均跪坐在席上,通常的坐法是双膝着席,臀坐踵上,上身挺立,双手自然垂放于两膝上,这是古人表示礼貌的一种坐法。"卩"在现代汉字中不独立成字,组字时多写作"卩",称"单耳",或写作"㔾"。"卩"作意符组构的字,大多与人的动作行为相关。

归类识字

表示与人的动作行为相关。

厄：ě,木节。树木的节疤像人膝盖骨,故从卩（㔾）。
卷：juǎn,膝曲。
却：què,节制它并使它退却。
卸：xiè,解马卸车。
叩：kòu,敲打。
印：yìn,用手压抑；后引申指官印。

即：jí，靠近吃东西；假借为虚词。

卿：qīng，飨食；后引申指表彰真善、明辨事理的人。

危：wēi，在高处而畏惧。

特殊字例

1. "卫"是"衛"的简化字，其中的"卩"是一种简化符号，与"卩"的意义无关。

卫：wèi，保卫、防护。

2. "卯"中的"卩"、"夘"中的"卩"是由其他物形演变而成，与人无关。

卵：luǎn，大凡动物没有乳汁的，就是卵生。

卯：mǎo，地支的第四位，属兔。

八、尸部

字形演变

【尸 shī】

部首解析

《说文解字·尸部》："尸，陈也。象卧之形。凡尸之属皆从尸。"（译文：尸，陈列。像人卧的样子。大凡尸的部属字都跟尸的意义相关。）

甲骨文、金文"尸"像侧面坐的人。本义指古代祭祀时扮作祖先或神灵，在高处正襟危坐受祭的人。成语"尸位素餐"中的"尸"即用其本义，后以此形容空占职位不做事的人。因"尸"须一动不动，代表人的躯壳，故引申指尸体。"尸"作意符组构的字，大多与人体动作、部位、穿用等相关。

归类识字

1.表示人体动作。

居：jū，蹲着。

屑：xiè，动作切切不安。

展：zhǎn，辗转。

屆：jiè，行动不便。

尼：ní，从后面接近他。

屠：tú，剖腹割皮。

屡：lǚ，接连、多次。

2.表示与人体部位、新陈代谢相关。

尻：kāo，臀部。

尺：chǐ，十寸。

尾：wěi，尾巴。

属：shǔ，连接。

屈：qū，没有尾巴。

尿：niào，小便。

屁：pì，人体下泄的臭气。

屎：shǐ，大便。

屙：ē，排泄粪便。

孱：chán，弱小。

3.表示与穿用相关。

履：lǚ，鞋子。

屦：jù，鞋履。

屐：jī，木屐。

屣：xǐ，鞋。

屜：tì，马鞍垫子。后多指盛物的匣形格架。

特殊字例

1. "尽"是"盡"的简化字,"昼"是"晝"的简化字,其中的"尸"是一种草书楷化符号,与"尸"的意义无关。

尽:jìn,器物中空。

昼:zhòu,白天。

2. "屋、屏、层、羼"中的"尸"或为房屋形,其组构字的意义多与房屋有关。

屋:wū,人居住的地方。

屏:píng,隐蔽的屋室。

层:céng,重叠的楼屋。

羼:chàn,群羊杂居。

3. "局"由"尺"和"口"会意,表示闭口不说。"尺"中的"尸"是"尺"的部件,在字中无独立意义。

局:jú,局促。

4. "犀"是形声字,形旁是"牛",其中"尸"是声旁"尾"的部件,在字中无独立意义。

犀:xī,犀牛。

5. "咫"是形声字,其中"尸"是形旁"尺"的部件,在字中没有独立意义。

咫:zhǐ,古代长度单位。

九、欠部

字形演变

【欠 qiàn】

甲 金 篆 隶 楷

部首解析

《说文解字·欠部》:"欠,张口气悟也。象气从人上出之形。凡欠之属皆从欠。"(译文:欠,张开口,使阻滞的气息呼出。像"气"从"人"上部出去的样子。大凡欠的部属字都跟欠的意义相关。)

古文字"欠"像一个侧立的人张着大口出气的样子。本义指张口打呵欠。"欠"作意符组构的字,大多与呼吸、气息相关。

归类识字

表示与呼吸、气息有关。

欽:qīn,打呵欠的样子。

吹:chuī,拢嘴唇用力吐气。

欤:yú,表示安舒语气。

歇:xiē,鼻息。

欢:huān,喜乐。

欣:xīn,喜悦。

款:kuǎn,思想上有向外羡慕、追求的欲望。

欲:yù,贪图得到,嗜欲。

歌:gē,依旋律咏唱。

欸:xiè,呵斥。又读ǎi。

欧:ǒu,呕吐。

歃:shà,饮血。

歉:qiàn,食物少,吃不饱。

歆:xī,缩着鼻子吸气。

次:cì,未经精选的、不在前列的。

欺:qī,言语欺骗。

歆:xīn,祭祀时鬼神享用祭品的香气。

特殊字例

"炊"是形声字,"火"作形旁,省去"口"的"吹"作声旁。"欠"在字中无独立意义。也有观点认为,"炊"是会意字,由吹气的"欠"或"火"会意,表示生火做饭。

炊:chuī,烧火做饭。

十、疒部

字形演变

【疒 nè】

部首解析

《说文解字·疒(nè)部》:"疒,倚也。人有疾病,象倚箸之形。凡疒之属皆从疒。"(译文:疒,依靠。人有疾病,像靠着、挨着的样子。大凡疒的部属字都跟疒的意义相关。)

甲骨文"疒"像人躺在床上,人旁的小点表示人在生病发烧时流出的汗滴;小篆"疒"像床上有依靠物形。本义为病人依靠在床。人有疾病则会卧病在床,故从床。"疒"在现代汉字中不独立成字,组字时称"病字框"。"疒"作意符组构的字,大多与病名、痈疮、病情等相关。

归类识字

1.表示疾病、病名。

疾:jí,疾病。

痛:tòng,病痛。

病:bìng,重病。

疴:ē,疾病。今读 kē。

瘵:zhài,病名。

瘼:mò,病名。

癫:diān,病名,指癫痫病。

痫:xián,病名,指羊癫风。

疵:cī,病名,指母斑。

疭:zòng,病名,指惊风。

瘿:yǐng,颈瘤,俗称大脖子病。

瘘:lòu,颈项肿溃,即颈部淋巴结核。

痱:féi,中风病;今读作 fèi,指痱子、汗疹。

瘤:liú,肿瘤。

疟:nüè,热与寒时休时起。

痹:bì,风湿病。

疸:dǎn,黄疸。

癃:lóng,脚不能行走的病。

疫:yì,急性传染病。

瘛:chì,小儿抽风病。

疯:fēng,头风病。

症:zhēng,腹中结块的病;另读作 zhèng,如病症。

疹:zhěn,皮肤上起的红色小疙瘩。

痢:lì,痢疾。

瘟:wēn,瘟疫。

瘸:qué,手或脚偏废的病。

癌:ái,恶性肿瘤。

疣:yóu,皮肤病。

疳:gān,疳积,指小儿的肠胃病。

疱:pào,皮肤上像水泡的小疙瘩。

痣：zhì，皮肤上的色斑。
痦：wù，皮肤上隆起的痣。
痧：shā，疹子。
瘐：yǔ，因饥寒致病。
瘊：hóu，皮肤上的小肉瘤。
瘁：cuì，困病。
瘴：zhàng，因瘴气而生的病。
癍：bān，皮肤上生斑点的病。
癔：yì，癔病。
癜：diàn，白癜风。
癖：pǐ，消化不良的病。

2.表示痈疮。

疡：yáng，头疮。
痒：yáng，痈疮。今读 yǎng。
痤：cuó，小的肿疖。
疽：jū，恶疮。
痈：yōng，脓疮。
癣：xuǎn，干疮。
疥：jiè，痒疮。
痂：jiā，疥疮的痂壳。
疠：lì，恶疮；另义指麻风。
痔：zhì，痔疮。
瘃：zhú，冻疮。
疮：chuāng，肿烂溃疡的病。
痘：dòu，痘疮，俗称天花。
瘩：dá，在背部的痈；另读作 da，疙瘩。
疔：dīng，疔疮。
疖：jiē，疮疖。
瘰：lì，瘰疬。
瘙：sào，疥疮。
瘰：luǒ，老鼠疮。
癞：lài，恶疮、顽癣。

3.表示人体状态、病情及治疗。

疝：shàn，心腹气痛。
痍：yí，创伤。
瘢：bān，创伤愈后的疤痕。
痕：hén，瘢痕。
痿：wěi，因风湿不能行走。
痉：jìng，僵硬。
瘦：shòu，消瘦。
痞：pǐ，因腹内结块而疼。
疲：pí，劳累。
瘌：là，楚地人叫用药产生的毒性反应作"痛瘌"。
痨：láo，朝鲜把用药产生的毒性反应叫作"痨"。
瘳：chōu，病愈。
痴：chī，不聪慧。
疙：yì，痴呆；今读作 gē，指疙瘩。
疗：liáo，医治。
疚：jiù，久病。
疤：bā，疤痕。
痊：quán，病除、病愈。
疼：téng，疼痛。
瘓：huàn，瘫痪。
痰：tán，呼吸道分泌物。
瘪：biě，消瘦；另读作 biē，瘪三是对城市中无正当职业游民的蔑称。
瘫：tān，瘫痪。
瘾：yǐn，不良的癖好。
瘆：shèn，病而寒战。
痼：gù，疾病经久难愈。
瘠：jí，身体瘦弱。
臞：qú，瘦。

第二章 器官类

部首	起源物象	象形文字	孳乳字例		特殊字例
			《说文解字》该部所辖	《新华字典》检字表该部所辖	
页			颜颂颅颠顶颡题额颊颔颈领项硕颁颛顽颡颡顾顺颠项顿颐颉颢颇颤烦颏预顽	顷须频颓嚣预顽颚颞颠颦颧	颖颍颖
目			眼眩眦瞒盼盹睨耽盱瞟睹瞍睢睦瞻眷相瞋眷督看睡瞑瞥眵眯眺睐眇眄盲瞀睇瞬眙睑眨眭眸睚	盯省盹盾眉眠眶睁睛瞄睫睬瞅瞎瞭瞧瞳瞩瞪眍眬哨睃睽睥睿瞌瞠瞰瞿矍	着
耳			耽聘耿联聊聪聆职聒闻聘聋耸聩聂声	取耷	耻耶
口			喙吻咙喉哙吞咽嗌哆呱啾喧喑咳咀啜噍嚼吮噬叽含哺味噫唾咦喘呼吸嘘吹喟嚏噪名吾哲君命咨召问唯唱和哑嚎唏听咄唉哉呷嗔嘌啸台启咸呈右啬吉周唐噎吐哕吃嗜唊哽啁哇嗑唠咴叱喷咤悴唇吁晓喷嗷呻吟嗌叫叹喝哨咨否喑哀	古可占叶叮号只叭兄叼叨另句司加吓同吊吗后合吴吱告咒知吆呕吨吵呐吩呛呜吭吧吼哎咕呵咋吋哼呜咏呢咖哄咧哗咱响哈咬咪哪哟哥哩哭唧啊唆啪啦啡唷啰啤啥商喜喳喇喊喂喻啼善嗦嗅嗡噪嗽嚇嘀嘻嘶	史叩吏吕向各杏呆员虽品兽嘉器囊咎营

续表

部首	起源物象	象形文字	孳乳字例		特殊字例
			《说文解字》该部所辖	《新华字典》检字表该部所辖	
			嗾吠咆嗥喈哮喔呝嚶啄唬呦喁局哦售唳唤嘲呀	嘹嘿嘱噩嘴噪嚎嚣嚷叵卟叻呋呒吔呔呖吡呗咩忷吲唖坏咔呤咚咛姆唑亟哐哂咳哔呲咣咻咿哌哚咯咩哝哏哞唛咻唔唢唣唑嗒喵啉唵唪啮啕嗯嗄唷啵啶嘟唰喋嗒喃喱喹嗖嗟喽喀嗦嗦嘟嗫嘀嗝嘎嗣嗯哆嗳嘲嗨嗜嗑嗵嘞嘈喊嘎嘡嘣啈嘧嘭嗝噘噗噘噢噙噜噌噔噱噫噻嚄嚅嚓嚯嚷	
言（讠）			语谈谓谅冼请谒许诺诸诗谶讽诵读训诲謇谕谆阊谋谟访诹论议订详谛识讯谨谌信诚诫讳诰诏誓诘证谏谂课试诠说计谐调诱警谧谦谊诩设记誉谢讴净讫谚讶诣讲誊讷谟诒谖谩诒谨讪讥诬诽谤诅误诖訾訇谝诞谑讧谬谎谲诈讼诃訐诉譖谗谴谪让谯消谇诘诡诋谁谰诊诛讨谙谏诟谍该译谧询说谱讵谜诀	认讥评词话诱谣谭辩讣诌诓诙诧诨诼谔詈谡詹讖谵骞雠	

续表

部首	起源物象	象形文字	孳乳字例		特殊字例
			《说文解字》该部所辖	《新华字典》检字表该部所辖	
心（忄）			息情性志意慎忠悫快恺惬念忻恽惇慨愿慧恬恢恭恕怡慈恩恂忧惟怀想悚恪惧怙恃悟忾慰懋慕悛悵怕恤急懦恁悒忒愉愚戆悍态怪慢怠懈惰怂怫忽忘恣憧悝恍悸愁慊惑愤忌忿恚怨怒愠恶憎恨怼悔怏懑愤闷惆怅忾怆怛惨恫悲恻惜感忧恙惴愁悠悴忡悄患憨惮悼恐怵惕惶怖惫忝惭怍怜忍惩憼慵悱怩恳忖恸惹恰悌悻	忆忙怔怯思怎恒恼虑恋悖闷悦悬您悉惊恬惋惯惠慌愕愣愧愈慷蕊憋懂憔懊憨懒憾忏忑志怄忤松忪忸怡怦悧悭悴惝惘惚惠惺愀愎惰愫懑憎	必总忐隳懿
肉（月）			胚胎肌胪肤肫育肾肺脾肝胆胃脺肠膏肪膺臆背胁膀肋胂肩胳臂肘脐腹腴胯股脚胫腓肢肖胤胄膻脱胗肿胙隋膳肴腆胡膘脯膊脘朐胥胜臊腥脂腻膜脍腌脆胯腐胶肯肥腔	有肚肛胀肮育能胞胖脉胰胸脏脑脓脊脖豚脸腊腋腕腰腮腺腿膝膛臀刖肱陈胛胱胴胭胖胬腈腑脧腱腠腩膈腭腧膈膑膂膘臊臃臜	朋服鹏腾赢朕脞胺滕嬴嬴

一、页部

字形演变

【页 xié】

甲 金 篆
隶 楷 楷

部首解析

《说文解字·页部》:"页，头也。从百，从儿。古文䭫(qǐ)首如此。凡页之属皆从页。百者，䭫首字也。"（译文：页，头。由百、由儿会意。古文"䭫首"的"首"字跟"页"相像。大凡页的部属字都跟页的意义相关。百者，即是䭫首的"首"字。）

甲骨文"页"像一个突出头部的跪坐人形。"頁"依草书字形简化为"页"。本义是人的头。"页"作意符组构的字，大多与头的部位、形貌、神态、动作等相关。

归类识字

1.表示头的部位。

颜：yán，两眉之间，即印堂。

颅：lú，头骨。

颠：diān，头顶。

顶：dǐng，头顶。

颡：sǎng，额头。

题：tí，额头。

额：é，额头。

颊：jiá，面部两侧。

颔：hàn，下巴。今读 hé。

颈：jǐng，颈项。

领：lǐng，脖子。

项：xiàng，脖子的后部。

须：xū，胡须。

颐：hán，下巴。今读作 yí。

颞：niè，耳边。

颧：quán，颧骨。

颃：háng，颈项。

2.表示头的形貌。

颂：sòng，容貌、仪容。

硕：shuò，头大。

颁：bān，大头。

颙：yóng，大头。

颗：kě，小头。今读作 kē。

颔：hàn，面色黄；今多指下巴。

顺：shùn，梳理头发。

颉：xié，颈项僵直；又读作 jié，如仓颉，上古人名。

颢：hào，白头的样子。

颏：hái，丑；今读作 kē，指下巴。

颓：tuí，头秃。

顸：hān，大脸。

颀：qí，头俊美。

颚：è，面高貌。

颟：mān，大脸。

3.表示神态。

顽：wán，昏头昏脑。

颛：zhuān，愚昧而拘谨的样子。

顼：xū，愚昧而拘谨的样子。

烦：fán，身热头痛。

预：yù，安乐。

频：pín，皱眉；今多表示重复义。

颦：pín，皱眉。

4.表示头的动作。

顾：gù，回头看。

顿：dùn，叩头。

颇：pō，头偏。

颤：chàn，头摇动不定。

顷：qīng，头不正。

嚣：xiāo，由表示人头的"页"和"四口"会意。本义为喧哗。

特殊字例

"颍、颎、颖"均是形声字，它们的形旁分别是"水、火、禾"，"页"是声旁"顷"的部件，在字中无独立意义。

颍：yǐng，水名。

颎：jiǒng，火光。

颖：yǐng，禾末。

二、目部

字形演变

【目 mù】

甲　金　篆　隶　楷

部首解析

《说文解字·目部》："目，人眼。象形。重，童子也。凡目之属皆从目。"（译文：目，人的眼睛。象形字。框内的两横画，表示瞳仁。大凡目的部属字都跟目的意义相关。）

古文字"目"像眼睛的形状。本义指眼睛。今此义多用"眼"表示，"目"用于书面语。"目"作意符组构的字，大多与眼睛的部位、神采、功能、疾病等相关。

归类识字

1.表示眼睛的部位。

眼：yǎn，眼珠。

眦：zì，眼眶。

睑：jiǎn，眼皮。

眸：móu，眼珠。

睚：yá，眼睛的周边。

眉：méi，眉毛。

眶：kuàng，眼眶。

睛：jīng，眼珠。

睫：jié，眼睫毛。

瞳：tóng，瞳仁。

2.表示眼睛的神采。

瞒：mán，眼睑低，闭目貌。

盼：pàn，眼睛黑白分明的样子。

眊：mào，眼睛失神。

眈：dān，注视的样子。

盱：xū，睁大眼睛。

睦：mù，目顺。

瞀：mào，低着眼睛谨慎地看。

睡：shuì，坐着打瞌睡。

瞑：míng，闭上眼睛。

眄：miǎn，闭着一只眼睛。

眨：zhǎ，眼睛一闭一开的样子。

眭：huī，目光深注的样子。

盹：dǔn，闭目小睡。

瞭：liǎo，眼珠明亮。

瞧：qiáo，偷视的样子。

眍：kōu，眼睛深陷的样子。

睥：pì，眼睛斜着向旁边看。
瞌：kē，瞌睡。
瞿：jù，鹰鹞惊视的样子。
矍：jué，惊慌地看。

3.表示眼睛的功能。

睨：nì，斜视。
瞟：piǎo，察视。
睹：dǔ，看见。
睢：suī，仰视。
瞻：zhān，向下看。
相：xiāng，察看。
瞋：chēn，睁大眼睛。
眷：juàn，回头看。
督：dū，察看。
看：kàn，远望。
瞥：piē，眼光掠过。
睇：dì，眯眼而斜视。
眙：chì，直视；又读作 yí。
省：xǐng，察看；又读作 shěng。
盯：dīng，注视。
眠：mián，闭上眼睛。
睁：zhēng，张开眼睛。
瞄：miáo，注视。
瞅：chǒu，看。
瞬：shùn，目动。
瞩：zhǔ，注视、瞩目。
瞪：dèng，睁大眼睛直视。
瞧：qiáo，眯视。
䀹：suō，看。
瞠：chēng，直看。
瞰：kàn，视、看。

4.表示眼睛的疾病。

眩：xuàn，眼花、看不清。
睽：kuí，眼不相顺从。
眵：chī，眼眶伤了。
眯：mí，草物入眼。

眺：tiào，目不正。
睐：lài，瞳仁不正。
眇：miǎo，一只眼小。
盲：máng，没有瞳仁。
瞽：gǔ，眼瞎。
瞎：xiā，失明。
瞜：lōu，半瞎。
矇：méng，眼睛不明亮。

5.表示与眼相关的抽象意义。

盾：dùn，盾牌。
睬：cǎi，理会、管理。
眬：lóng，蒙眬。
睿：ruì，通达、明智。

特殊字例

"着"由"箸"演变而来。"箸"讹变为"著"，"著"又分化出"着"，其中的"目"是由其他字形讹变而成，与眼睛没有关系。

着：zhuó，附着。多音多义字。

三、耳部

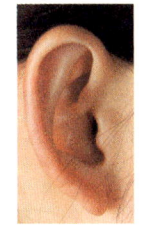

字形演变

【耳 ěr】

部首解析

《说文解字·耳部》："耳，主听也。象形。凡耳之属皆从耳。"（译文：耳，主管听觉的器官。象形字。大凡耳的部属字都跟耳的意义相关。）

甲骨文、金文"耳"像耳朵的样子。本义指耳朵。引申指像耳朵样的东西，如木耳、银耳；因耳在头的两侧，引申指位于两侧的事物，如耳房、耳门。"耳"作意符组构的字，大多与耳朵形貌、功能等相关。

归类识字

1.表示耳朵形貌。

耽：dān，耳朵大而且下垂。
聃：dān，耳朵长而大。
耿：gěng，耳贴于颊。
联：lián，连结不断。
𦕈：dā，大耳朵。

2.表示与耳朵功能有关。

聊：liáo，耳鸣。
聪：cōng，听觉灵敏。
聆：líng，听。
职：zhí，记住微妙的事物。
聒：guō，话语喧哗。
闻：wén，听到。
聘：pìn，访问。
聋：lóng，没有听觉。
聳：sǒng，生下来就聋。
聩：kuì，先天性耳聋。
聂：niè，附耳小语。
謷：áo，不接受意见。
取：qǔ，割下左耳。

特殊字例

"耻"和"耶"的"耳"是它们的声旁，表示读音，与耳的意义无关。

耻：chǐ，耻辱、可耻。
耶：yé，琅琊郡。今多作语气词。

四、口部

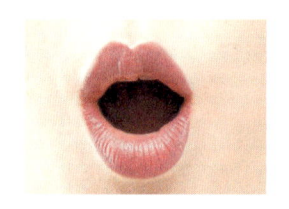

字形演变

【口 kǒu】

🔲甲 🔲金 🔲篆 口隶 口楷

部首解析

《说文解字·口部》："口，人所以言食也。象形。凡口之属皆从口。"（译文：口，人用来说话饮食的器官。象形字。大凡口的部属字都跟口的意义相关。）

甲骨文"口"像人口之形。本义指口，俗称"嘴"，引申指动物的嘴。"口"作意符组构的字，大多与口及关联部位相关，与口的形貌、饮食、气息、人声、言语、动物声等相关。

归类识字

1.表示口及关联部位。

喙：huì，兽嘴。
吻：wěn，嘴唇。

咙：lóng，喉咙。
喉：hóu，咽喉。
咽：yān，咽喉。
嗌：yì，咽喉。
吭：háng，鸟的喉咙。
嗓：sǎng，喉咙。
觜：zuǐ，猫头鹰之类头上的毛角。
嗉：sù，鸟类喉咙下装食物的器官。

2.表示口的形貌、人的状态。

哆：duō，张口的样子。
噤：jìn，闭口。
哨：shào，口小不能容纳。
喁：yóng，鱼口向上露出水面。
呀：yā，张口的样子。
噱：jué，大笑；另读作 xué，令人发笑的。
唏：xī，笑。
听：yǐn，笑的样子；另读作 tīng，听到声音。
嗔：tián，盛气；今读作 chēn，发怒、生气。
哈：hā，鱼口的样子；今多作象声词。
噘：juē，翘起。
唿：hū，忧貌。
嗒：tà，懊丧的样子；另读作 dā，象声词。
喽：lou，烦貌。
嘟：dū，怨貌。
噩：è，惊人的，不祥的。
吪：fǔ，惊愕，诸将皆吪然。
哂：shěn，微笑；另读作 yǐn，译音字。
哂：shěn，微笑。
哏：gén，滑稽、可笑；另读作 hěn，凶恶。
嗦：suō，啰嗦、哆嗦。

嗤：chī，讥笑、嘲笑。

3.表示饮食。

哙：kuài，咽下去；另义，兽嘴。
吞：tūn，咽下。
咀：jǔ，品味，细嚼。
啜：chuò，品尝。
噍：jiào，同"嚼"，咀嚼。
嚼：jué，咀嚼；另读作 jiáo，用牙齿咬碎。
吮：shǔn，用口含吸。
噬：shì，咬吃。
叽：jī，稍微吃一点；今多作象声词。
含：hán，衔住。
哺：bǔ，口中含嚼的食物。
味：wèi，滋味。
唾：tuò，唾液。
噎：yē，饭食堵塞喉咙。
吐：tǔ，从嘴里吐出来。
啖：dàn，咀嚼。
啄：zhuó，鸟用嘴取食。
叼：diāo，用嘴衔住。
呕：ōu，婴儿说话；今另读作 ǒu，多表示呕吐。
咬：jiāo，鸟叫声；今读 yǎo，表示用牙齿把东西夹住。
啃：kěn，用牙齿剥食。
喂：wèi，恐惧；假借作"餵"，表示喂养。
吣：qìn，狗呕吐。
咂：zā，吮吸。
呲：zī，嫌食。
咯：è，讼言。另读作 kǎ，用力使东西从食道或气管里出来。
唑：zuò，咬。
唵：ǎn，用手把东西塞进嘴里。
啮：niè，用嘴咬。

嗍：suō，吮吸。
嘬：zuō，吸吮。
噙：qín，含着。
哕：yuē，呕吐，气逆上行作声。今读作 yuě。
咤：zhà，呵斥；斥责发怒。
啉：lán，古代称饮酒一巡为啉；今多读 lín，译音字。

4.表示气息。
咦：yí，出大气。
喘：chuǎn，急促地呼吸。
呼：hū，吐气。
吸：xī，吸气。
嘘：xū，缓缓吐气。
吹：chuī，撮起嘴唇急促地吐气。
嚏：tì，喷嚏。
呛：qiāng，鸟啄食；另读作 qiàng，表示水或食物进入气管引起不适或咳嗽而突然喷出。
咐：fù，慢慢地吐气。
嗅：xiù，用鼻子辨别气味。
嗽：sòu，咳嗽。

5.表示人声。
呱：gū，小儿啼哭声；另读作 guā，声音响亮。
啾：jiū，小儿声。
喑：yīn，小儿哭泣不止。
咳：ké，本义指小儿笑；借用表示咳嗽义。
噫：yī，打嗝。
喟：kuì，深深地叹息。
哑：è，笑声；今读作 yā、yǎ。
啸：xiào，撮口作声，打口哨。
哭：kū，悲哀的声音。
哓：xiāo，恐惧声。
嗷：áo，众口愁怨之声。

叹：tàn，叹息。
号：háo，痛声。
响：xiǎng，声音。
哼：hēng，鼻子发出声响。
啡：fēi，出唾声；今为音译字。
喳：zhā，高声叫。
喊：hǎn，喊声。
嘶：sī，声音沙哑。
嘹：liáo，声音悠远响亮。
咻：xiū，喧嚷。
唣：zào，吵闹。
哌：pài，啼声。
唷：yō，出声。
嗲：diǎ，撒娇的声音或态度。
嗄：shà，声音嘶哑。
嘈：cáo，喧闹。
噜：lū，呼吸声。
嚆：hāo，呼叫。

6.表示言语。
名：míng，自己称呼自己的名字。
吾：wú，我，对自己的称呼。
命：mìng，使令、指派。
咨：zī，谋划。
召：zhào，呼唤。
问：wèn，询问。
唯：wéi，应答声。
唱：chàng，领唱。
和：hè，声音相应。
呷：xiā，众声杂沓。
唐：táng，大话。
吃：chī，说话困难。
哽：gěng，说话被舌梗塞。
啁：zhāo，话语多；另读作 zhōu、tiáo。
哇：wā，放荡的话语。
嗑：hé、gé，话多。今读作 kē、kè。

嘲：cháo，喧哗之声；今读作 láo，唠叨。

呶：náo，喧哗之声。

叱：chì，大声呵斥。

喷：pēn，怒叱。

啧：zé，大呼。

呻：shēn，吟诵。

吟：yín，咏叹。

嗞：zī，嗟叹。

叫：jiào，呼喊。

喝：hè，气竭声嘶。

唁：yàn，慰问生者。

嗾：sǒu，使唤狗的声音。

哦：é，吟咏；另读作 ó、ò，叹词。

唤：huàn，呼。

嘲：cháo，调笑。

叮：dīng，叮咛。

叨：tāo，贪；另读作 dāo，话多。

吓：hè，怒斥的声音；另读作 xià，表示使害怕。

吆：yāo，喊叫。

吊：diào，吊唁。

吴：wú，大声说话；假借作国名、姓氏。

呐：nè，说话迟钝；另读作 nà，表示大声呼喊。

吩：fēn，怒吼。

呵：hē，怒责。

咒：zhòu，咒骂。

咋：zé，大声；假借作代词。

咏：yǒng，歌唱。

哄：hōng，许多人同时发声；另读作 hǒng，表示欺骗。

哗：huā，喧哗。

啰：luō，歌唱助声；今表示啰唆。

喇：lā，言急。

啼：tí，放声痛心地哭。

喻：yù，把情况通知某人。

喧：xuān，大声说话。

嘿：hēi，闭口不说；用作叹词，表示招呼、赞叹或惊讶。

嘱：zhǔ，嘱咐、嘱托。

嚣：xiāo，众人喧嚷声。

嚷：rǎng，大声喊叫。

卜：bǔ，通过占卜问吉凶。

呓：yì，说梦话。

呤：líng，细声细语；今作嘌呤。

咛：níng，叮咛。

哝：nóng，小声说话。

啕：táo，多言；今多表示大声喊叫和哭喊。

喋：dié，说话多。

喃：nán，低语声。

嗫：niè，吞吞吐吐。

嚅：rú，欲言。

攘：rǎng，喊叫。

告：gào，牛喜欢抵触人，角上施加横木，是用以告诉人们的标志。

唆：suō，唆使。

7.表示动物声。

吠：fèi，狗叫。

咆：páo，嗥叫。

嗥：háo，吼叫。

喈：jiē，鸟鸣声。

哮：xiāo，猪惊叫的声音。

喔：wō，鸡叫声。

嘤：yīng，鸟叫声。

唬：xiāo、xià，禽兽啼号声；今多读 hǔ，威吓。

呦：yōu，鹿叫声。

唳：lì，鹤鸣声。

吵：chāo，雏鸣；另读作 chǎo，表示叫嚷。

吼：hǒu，牛叫。
鸣：míng，鸟叫。
咧：liē，鸟声；又作语气词。
咪：mī，猫叫声。
嗡：wēng，虫声。
噪：zào，群鸟乱叫。
嚎：háo，大声鸣叫、吼叫。
呖：lì，鸟鸣声。
呃：è，鸟鸣声。
吡：bǐ，鸟鸣声。
吽：óu，狗争斗声；另读作 hǒu，同"吼"，牛鸣。
咔：kā，鸟鸣声；今多作象声词、音译字。
咴：huī，马叫声。
咩：miē，羊叫声。
哞：mōu，牛叫声。
喵：miāo，猫叫声。
啭：zhuàn，鸟叫。
唼：shà，鱼、鸟食声。
唰：shuā，鸟理毛。
嗝：gé，禽鸟鸣声。
嘎：gā，鸟叫声；多音字。

8.表示虚词、疑问词、音译词。

咄：duō，惊叹词。
唉：āi，叹词。
哉：zāi，语气词。
吁：xū，表示惊叹的虚词。
只：zhī，句末语气词；又作"隻"的简化字，表示数量。
叭：bā，象声词。
吗：má，疑问助词。
吱：zhī，象声词。
呜：wū，叹词。
吧：bā，象声词。

哎：āi，叹词。
咕：gū，象声词。
呢：ne，疑问词；另读作 ní，小声多言。
咖：gā，象声词；又作译音字，读作 kā，如咖啡。
哪：nǎ，疑问词。
哟：yō，语气词。
哩：li，语气词。
唧：jī，象声词。
啊：ā，叹词；多音字。
啪：pā，象声词。
啦：lā，语气词。
啤：pí，音译字，啤酒。
啥：shá，疑问词。
嘛：ma，语气词。
嘀：dī，象声词；另读作 dí，嘀咕。
嘻：xī，叹词。
呔：dāi，叹词。
呗：bài，译音字；另读作 bei，语气助词。
呸：pēi，叹词。
咚：dōng，象声词。
哞：móu，叹词。
咝：sī，象声词。
哐：kuāng，象声词。
哔：bì，象声词。
咣：guāng，象声词。
咿：yī，象声词。
哧：chī，象声词。
唔：wú，象声词。
喏：nuò，叹词。
唛：mài，译音字。
啵：bo，助词。
啷：lāng，象声词。
喱：lí，译音字。

嗖：sōu，象声词。
嗟：jiē，叹词。
喀：kā，象声词。
嗬：hē，叹词。
嗪：qín，译音字。
嗯：ng，叹词。
嗳：ǎi，叹词。
嗨：hāi，叹词。
嗐：hài，叹词。
嗵：tōng，象声词。
嘞：lei，语气词。
嘁：qī，象声词。
嘡：tāng，象声词。
嘣：bēng，象声词。
嘚：dē，象声词。
嘧：mì，译音字。
嘭：pēng，象声词。
嘎：gá，译音字。
噗：pū，象声词。
噢：ō，叹词。
噌：cēng，象声词。
噔：dēng，象声词。
噱：huò，叹词。
噻：sāi，译音字。
噼：pī，象声词。
嚓：cā，象声词。
嚯：huò，叹词。
叻：lè，译音字。
吨：dūn，象声词；今义重量单位。
呋：fū，译音字。
哚：duǒ，译音字。
啶：dìng，译音字。
喹：kuí，译音字。

9.表示与口相关的其他意义。
哲：zhé，明智。
君：jūn，尊贵。

嘌：piāo，疾速。
台：yí，喜悦；今读作 tái。
启：qǐ，开、打开。
咸：xián，灭绝；假借为全、都。
呈：chéng，平。
右：yòu，帮助；后来同"佑"。
啻：chì，仅仅、只有。
吉：jí，吉祥、吉利。
周：zhōu，周密。
嗜：shì，喜爱。
啐：cuì，吃惊。
唇：chún，震惊；借用表示嘴唇义。
吝：lìn，悔恨。
否：fǒu，不然、不是这样。
哀：āi，悲痛、怜悯。
局：jú，局促。
古：gǔ，古代。
可：kě，准许。
占：zhān，推测吉凶。
兄：xiōng，兄长。
句：gōu，弯曲；今读 jù。
司：sī，职掌、主管。
加：jiā，用言语欺诬人。
合：hé，闭合、合拢。
知：zhī，知道。
哥：gē，歌；今多指哥哥。
商：shāng，计算、估量。
喜：xǐ，快乐。
叶：xié，和洽；今读作 yè，草木之叶。
另：lìng，分开居住而各自谋生。
同：tóng，会合、聚集；另读作 tòng，胡同。
后：hòu，君主；后作"後"的简化字。
咱：zán，自己；另读作 zá、zǎ。
售：shòu，卖出去。

善：shàn，吉祥。
叵：pǒ，不可。
亟：jí，快速、迅速。
唢：suǒ，唢呐。
嗣：sì，诸侯传位给嫡长子。

特殊字例

1．"史、吏、吕、向、各、呆、员、品、兽、器"中的"口"是由其他字（物）形演变而成，与口无关。

史：shǐ，史官。
吏：lì，官吏。
吕：lǚ，脊梁骨。
向：xiàng，朝北开的窗户。
各：gè，每个，彼此不同；另读作gě，特别。
呆：dāi，傻、愚蠢。
员：yuán，物的数量。
品：pǐn，众多的。
兽：shòu，打猎；今多指野兽。
器：qì，器具。

2．"叩、杏"分别是"卩、木"作形旁，"口、可（省形）"作声旁，与口的意义无关。

叩：kòu，敲打。
杏：xìng，木名。

3．"虽"是"雖"的简化字，其中的"口"是"雖"的声旁"唯"省形而来，与口的意义无关。

虽：suī，虫，似蜥蜴而大；今多作连词。

4．"嘉"是形声字，"壴"作形旁，"加"作声旁。其中的"口"是其偏旁的部件，在字中没有独立意义。

嘉：jiā，善、美。

5．"囊"是形声字，其中的"口"是其声旁"襄"的部件，在字中没有独立意义。

囊：nāng，口袋。

6．"咎"是会意字，由"各"和"人"会意，其中"口"是意符"各"的部件，在字中没有独立意义。

咎：jiù，灾祸、灾殃。

7．"嚳"是形声字，"告"作形旁，"学（省形）"作声旁。其中的"口"是"告"的部件，在字中没有独立意义。

嚳：kù，慌忙地说；另指传说中的上古帝王名。

五、言（讠）部

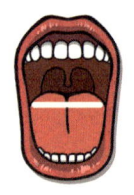

字形演变

【言 yán】

甲　金　篆　隶　楷

部首解析

《说文解字·言部》："言，直言曰言，论难曰语。从口，辛（qiān）声。凡言之属皆从言。"（译文：言，直接讲说叫言，议论辩驳叫语。"口"作形旁，"辛"作声旁。大凡言的部属字都跟言的意义相关。）

指事字。古文字"言"为舌的顶端加横，表示舌动而言出。人说话离不开唾液，甲骨文"言"用小点表示唾液。本义指说话。引申指说出来的话，如言语、言论。在现代汉字中，"言"依草书字形简化为"讠"，称"言字旁"，并可作偏旁类推。"言"作意符组构的字，大多与说话、读写、谋划、善言、恶语等相关。

归类识字

1.表示说话。

语：yǔ，辩论。
谈：tán，对话谈论。
谓：wèi，评论。
诜：shēn，以言相问。
请：qǐng，谒见。
谒：yè，告诉。
许：xǔ，听从其言。
诺：nuò，应答之声。
譬：pì，告喻。
谕：yù，告知。
谆：zhūn，仔细周详地告明。
诫：jiè，告诫。
讳：huì，避忌。
诰：gào，告诉。
诏：zhào，告诉。
证：zhèng，直言劝谏。
谏：jiàn，直言规劝。
谂：shěn，深刻劝谏。
诠：quán，周详地解说。
说：shuō，谈说。
话：huà，会合美好的言语。
警：jǐng，告诫。
誉：yù，称赞。
谢：xiè，辞去、离开。
诤：zhèng，以争辩止其过失。
讫：qì，言辞终止。
讶：yà，用言辞欢迎宾客。

诣：yì，因问候而至。
讲：jiǎng，沟通和解。
讷：nè，语言困难。
讼：sòng，争论。
诊：zhěn，问诊、验脉。
诀：jué，辞别、告别。
评：píng，议论是非高下。
谭：tán，谈、说。
辩：biàn，辩论、申辩。
訚：yín，和悦而正直地争辩。
雠：chóu，应对。

2.表示读写。

诗：shī，诗歌。
谶：chèn，有应验的言语。
讽：fěng，背诵。
诵：sòng，朗读。
读：dú，朗诵而又思索。
训：xùn，解说式的教导。
诲：huì，明白地教导。
诂：gǔ，解释古代语言。
课：kè，考试。
记：jì，记载。
讴：ōu，齐声歌唱。
谚：yàn，世俗流传的古语。
誊：téng，转录、抄写。
译：yì，解释、翻译四方少数民族的语言。
谥：shì，人生言行的踪迹。
诔：lěi，累列行迹以作谥号。
谱：pǔ，薄籍名录。
谜：mí，谜语。
诱：yòu，教导、劝导。
谣：yáo，不用乐器伴奏的歌唱。

3.表示谋划。

谋：móu，考虑事情的难易。
谟：mó，广泛议论以定其谋。

访：fǎng，广泛地征求意见。
诹：zōu，聚集起来征求意见。
论：lùn，分析议论。
议：yì，论事之宜。
订：dìng，评议。
详：xiáng，详细审议。
谛：dì，审察。
讯：xùn，询问。
谨：jǐn，慎重。
计：jì，总计、计算。
询：xún，谋计。
认：rèn，认识、辨明。
谳：yàn，审判定罪。

4.表示与善言相关。

谅：liàng，诚信。
谌：chén，诚信、审察。
信：xìn，诚实。
诚：chéng，信实不欺。
誓：shì，约束的言辞。
谧：mì，平静之语。
谦：qiān，谦虚、谦逊。
谊：yì，人们认为合宜的事物。
该：gāi，军中警戒的条约。
谠：dǎng，正直的言语。
谔：è，正直的话。

5.表示与恶语相关。

诩：xǔ，大话。
谀：yú，谄媚。
谄：chǎn，谄媚。
谖：xuān，欺诈。
谩：mán，欺骗。
诒：dài，相欺骗。
诳：kuáng，欺骗。
讪：shàn，毁谤。
讥：jī，旁敲侧击地批评。
诬：wū，虚假不实。

诽：fěi，毁谤。
谤：bàng，毁谤。
诅：zǔ，诅咒。
误：wù，谬误。
诖：guà，因牵挂而错误。
訇：hōng，痴呆的话。
詈：lì，责骂。
訾：zī，不想使上级满意。
谝：pián，雄辩而巧诈的话。
诞：dàn，词语荒诞。
谑：xuè，开玩笑。
讧：hòng，因胡乱争讼而导致溃乱。
谬：miù，狂妄人的荒诞话。
谎：huǎng，梦话。
谲：jué，权变欺诈。
诈：zhà，欺诈。
诃：hē，大声怒责。
讦：jié，当面指责人，向上级告发人的罪恶。
诉：sù，告不实之状。
谮：zèn，用谗言毁坏别人。
谗：chán，说别人的坏话。
谴：qiǎn，责问。
谪：zhé，罚罪。
让：ràng，责备别人。
谯：qiáo，扰弄、呵责。
谇：suì，责骂。
诘：jié，穷尽地责问。
诡：guǐ，责求。
证：zhèng，告发。
诋：dǐ，琐细责问。
谁：shuí，苛责；今多表示人称代词。
谰：lán，抵赖。
诛：zhū，声讨。
讨：tǎo，整治。
诟：gòu，耻辱。

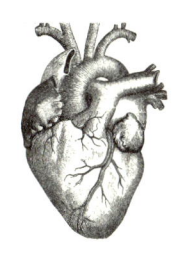

谍：dié，间谍、细作。
讹：é，谣言。
讣：fù，报丧。
诌：zhōu，信口胡说、编瞎话。
诓：kuāng，欺骗。
诙：huī，开玩笑。
诮：qiào，责备。
诧：chà，夸耀。
诨：hùn，开玩笑的话。
诼：zhuó，造谣、谗谤。
詹：zhān，说话烦琐。
谵：zhān，话多。
謇：jiǎn，口吃。

6.表示与言语相关的抽象意义。

诸：zhū，表示区别的虚词。
识：shí，知道、懂得。
试：shì，使用。
谐：xié，和谐。
调：tiáo，和合。
诿：wěi，烦累。
设：shè，布列、陈列。
谙：ān，知悉。
词：cí，言辞。
讵：jù，岂，难道。
谡：sù，起，起来。

六、心（忄）部

字形演变

【心 xīn】

心 甲　心 金　心 篆　心 隶　心 楷

部首解析

《说文解字·心部》："心，人心，土藏，在身之中。象形。博士说，以为火藏。凡心之属皆从心。"（译文：心，人的心脏，五行属土，在身体的中部。象形字。也有博学之士说，五行属火。大凡心的部属字都跟心的意义相关。）

甲骨文、金文"心"像心脏的形状。本义指心脏。引申指心思、思想、思虑、谋划、意念、感情等义。"心"在组构汉字时演变为两种形式，一是位于字的左旁，写作"忄"，称"竖心旁"；一是位于字的下方，写作"心"，叫"心字底"，或写作"⺗"，称"恭字底"。古人认为心是思维的器官，"心"作意符组构的字，大多与心气、心性、愉悦、思虑、忧惧等相关。

归类识字

1.表示心气。

息：xī，气息。
情：qíng，有所欲求的心气。
性：xìng，本性善良的心气。
志：zhì，意念。
意：yì，意向。
恢：huī，心志弘大。
恁：rèn，志气低下；今读作 nèn，指示代词。
思：sī，思想包容万物。

2.表示心性。

慎：shèn，谨慎。

忠：zhōng，肃敬。
悫：què，诚谨。
恽：yùn，稳重浑厚。
惇：dūn，敦厚。
愿：yuàn，恭谨。
慧：huì，聪明。
恭：gōng，肃敬。
恂：xún，诚信的心。
忱：chén，诚信。
恪：kè，恭敬。
怙：hù，凭恃。
恃：shì，依赖。
急：jí，狭窄。
懦：nuò，软弱。
悍：hàn，勇敢。
惰：duò，不恭敬。
恣：zì，放纵。
恍：huǎng，狂放的样子。
惕：tì，恭敬。
恳：kěn，诚恳。
忙：máng，急迫、慌忙。
怄：òu，恭敬。
怯：qiè，胆小、畏缩。
怦：pēng，心急。
惯：guàn，习惯、惯常。
惊：jīng，害怕。
惠：huì，仁爱。
慌：huāng，急忙、忙乱。
憋：biē，性急。
忤：wǔ，抵触、不顺从。
㤗：zhòu，心中急迫。
悖：bèi，违反、违背。
悭：qiān，吝啬。
愎：bì，任性、固执。
愫：sù，诚意、真情实意。
慝：tè，邪恶、恶念。

3.表示愉悦。

快：kuài，喜悦。
恺：kǎi，安乐。
惬：qiè，快意。
慷：kāng，慷慨愤懑。
慨：kǎi，不得志而愤激。
恬：tián，安静。
怡：yí，和悦的样子。
慕：mù，习玩。
恹：yān，安乐。
怕：pà，恬淡不作；今义为害怕。
恢：kuī，诙谐嘲笑。
怿：yì，喜悦。
悦：yuè，高兴、愉快。
忭：biàn，喜乐。
愔：yīn，安静和悦的样子。

4.表示思虑。

念：niàn，长久思念。
恕：shù，推己及人。
慈：cí，慈爱。
虑：lǜ，思虑、谋划。
恩：ēn，恩惠。
惟：wéi，思考。
怀：huái，思念。
想：xiǎng，因希望得到而思念。
悟：wù，觉悟。
忤：wǔ，爱抚。
慰：wèi，安慰。
惭：cán，羞愧。
怍：zuò，惭愧。
忍：rěn，忍耐。
憬：jǐng，觉悟。
恰：qià，合用心力适当。
悌：tì，善敬兄长。
忆：yì，思念、回想。
忏：chàn，忏悔。

恋：liàn，留恋。
惦：diàn，思念、挂念。
愧：kuì，惭愧。
懂：dǒng，明白、了解。
憾：hàn，遗憾、不快、不满。
忸：niǔ，羞惭的样子。
怩：ní，惭愧的样子。
惝：chǎng，失意、不悦。
惘：wǎng，失意、失志。
惺：xīng，觉悟、清醒。

5.表示忧惧。
悚：sǒng，恐惧。
惧：jù，恐惧
恤：xù，忧虑、救济。
悒：yì，愁闷不安。
竦：sǒng，惊惧。
悸：jì，心慌而动。
懑：mèn，烦闷。
闷：mèn，烦闷、愤懑。
惆：chóu，失意。
怅：chàng，因失意而不痛快。
忾：kài，叹息。
怆：chuàng，悲伤。
怛：dàn，痛苦；另读作 dá。
恫：dòng，痛苦。
悲：bēi，悲痛。
恻：cè，心痛。
惜：xī，哀痛。
感：gǎn，使人心动。
忧：yòu，心动；今读作 yōu，忧愁。
怏：yàng，忧愁。
惴：zhuì，忧惧。
愁：chóu，忧愁。
悠：yōu，忧思。
悴：cuì，忧愁。
忡：chōng，忧愁。

悄：qiǎo，忧愁。
患：huàn，忧虑。
慑：shè，丧气。
惮：dàn，因忌恶而认为艰难；另义畏惧。
悼：dào，恐惧。
恐：kǒng，畏惧。
怵：chù，恐惧。
惶：huáng，恐惧。
怖：bù，惶恐。
忝：tiǎn，羞辱。
怜：lián，哀怜。
忖：cǔn，揣度。
悱：fěi，想说而说不出。
恸：tòng，因悲极而动容大哭。
惹：rě，心乱。
忑：tè，忐忑，心神不宁的样子。
忐：tǎn，忐忑，心神不宁的样子。
忪：sōng，惺忪；另读作 zhōng，惊恐。
怔：zhēng，惶恐不安的样子。
悯：mǐn，忧愁。
愕：è，惊讶。
愀：qiǎo，忧戚的样子。
憔：qiáo，憔悴，瘦弱萎靡的样子。

6.表示愚笨。
愉：yú，浅薄。
愚：yú，愚笨。
戆：zhuàng，愚直。
慢：màn，怠惰。
怠：dài，怠慢。
懈：xiè，懈怠。
怫：fú，抑郁。
忽：hū，恍惚而不记。
忘：wàng，不记得。
憧：chōng，心意不定。
惑：huò，迷乱。

愦：kuì，心乱。
惫：bèi，疲乏不堪。
慵：yōng，懒。
愣：lèng，发呆、失神。
憨：hān，愚笨、痴傻。
懒：lǎn，懒惰。
恿：yǒng，怂恿。
惚：hū，恍惚、神志不清。
懵：měng，昏昧无知的样子。

7.表示懊恼。
愆：qiān，过失。
忌：jì，憎恨怨恶。
忿：fèn，忿怒。
恚：huì，忿恨。
怨：yuàn，怨恨。
怒：nù，愤怒。
愠：yùn，愠怒。
恶：è，罪过。
憎：zēng，恨恶。
恨：hèn，怨恨。
怼：duì，怨恨。
悔：huǐ，悔恨。
怏：yàng，因心不服而怨恨。
愤：fèn，充满愤怒之气。
惨：cǎn，毒害。
惩：chéng，改正以前的过失。
恼：nǎo，恼恨。
懊：ào，懊恼。
悕：xī，烦恼。
悻：xìng，恼怒的样子。
惋：wǎn，怨恨、叹惜。

8.表示与心相关其他意义。
怪：guài，奇异。
忻：xīn，开启。
忒：tè，变更。
态：tài，意态。

慊：xián，疑惑。今读作 qiàn。
懋：mào，勤勉。
悛：quān，停止。
怎：zěn，疑问、询问。
恒：héng，永久、永恒。
悬：xuán，吊挂。
您：nín，"你"的尊称。
悉：xī，详尽、穷尽。
愈：yù，胜过。
蕊：ruǐ，花蕊。

特殊字例

1. "必"中"心"是其他字形组合演变而来，在字中没有独立意义。
   必：bì，区分的标准。假借为必须的"必"。
2. "总"字是"總"省减而来，"心"在字中没有独立意义。
   总：zǒng，聚束、系扎。
3. "隳"是形声字，其中"小（心）"是形旁"阝（灾）"的部件，在字中没有独立意义。
   隳：huī，毁坏、崩毁。
4. "毖、懿"中的"心"是声旁"必、恣"的部件，在字中没有独立意义。
   毖：bì，谨慎。
   懿：yì，美好。

七、肉（月）部

字形演变

【肉 ròu】

𠕒 甲　𠕒 金　𠕒 篆　肉 隶　肉 楷

部首解析

《说文解字·肉部》："肉，胾（zì）肉。象形。凡肉之属皆从肉。"（译文：肉，大块肉。象形字。大凡肉的部属字都跟肉的意义相关。）

古文字"肉"像大肉块之形。本义指禽兽的肉。引申指人的肌肉，还指瓜果的可食部分。现代汉字中，"肉"作偏旁组字时常在字的左侧，写作"月"，称"月"或"肉月"，个别"肉（月）"在字的右边（参见月部）；在下部时写作"肉"，称"肉字底"，或写作"月"，称"青字底"。按照汉字部首归部规范，现代字典将"肉"组构的字列入"肉"部，将"肉（月）"组构的字列入"月"部。"肉"作意符组构的字，大多与孕育、肌肉、部位、器官、疾病、食物、动物等相关。

归类识字

1.表示与孕育相关。

胚：pēi，妇女怀胎一个月之称。
胎：tāi，妇女怀胎三个月之称。
肖：xiào，形体容貌相似。
胤：yìn，子孙相承续。
胄：zhòu，后代子孙。
育：yù，培养孩子使之做好人好事。
胞：bāo，胎衣。

2.表示与肌肉相关。

肌：jī，肌肉。
胪：lú，皮肤。

膻：dàn，脱衣露出上身；另读作 shān，羊臊气。
肤：fū，皮肤。
膏：gāo，肥。
肪：fáng，脂肪。
胂：shēn，夹在脊骨两旁的肉。
腴：yú，肚腹下的肥肉。
腻：nì，身体表面的油腻。
膜：mó，肉包裹着的的薄皮。
肯：kěn，着骨之肉。
脆：cuì，肉中小软易断之物。
肥：féi，肥胖多肉。
腱：jiàn，肌腱。
腠：còu，肌肉的纹理。
腼：miǎn，腼腆。
膈：gé，隔膜。

3.表示与部位相关。

肫：zhún，面上的颧骨。
肓：huāng，心脏与横隔膜之间的部位。
膺：yīng，胸腔。
背：bèi，脊背。
胁：xié，两腋下的部分。
膀：páng，两腋下；另读作 bǎng，肩膀。
肋：lèi，肋骨。
肩：jiān，肩膀。
胳：gē，腋下。
臂：bì，手腕上部。
肘：zhǒu，上肢与下臂之节。
脐：qí，肚脐。
腹：fù，厚；现指肚子。
胯：kuà，两大腿之间。
股：gǔ，大腿。
脚：jiǎo，脚胫。
胫：jìng，小腿部分。

腓：féi，小腿肚子。
肢：zhī，人体四肢。
腔：qiāng，肉体内中之空廓部分。
肛：gāng，肛门。
肚：dù，腹部；另读作 dǔ，人和动物的胃。
刖：yuè，断足。
肱：gōng，上臂，手臂由肘到肩的部分。
胛：jiǎ，背脊上部跟两胳膊接连的部分。
胱：guāng，膀胱。
胴：dòng，大肠。
胸：xiōng，胸膛。
脊：jǐ，背中间的骨头。
脖：bó，颈项。
脸：liǎn，两颊的上部。
腋：yè，胳肢窝。
腕：wàn，臂下端与手掌相连可以活动的部分。
腚：dìng，臀部。
腭：è，口腔的上膛。
腰：yāo，胯上胁下的部分，在身体的中部。
腮：sāi，面颊的下半部，脸的两旁，亦称"腮帮子"。
腧：shù，人体上的穴位。
腿：tuǐ，胫，小腿。
膑：bìn，膝盖骨。
膂：lǚ，脊梁骨。
膝：xī，膝头。
膛：táng，胸腔。
臀：tún，屁股。
臆：yì，胸骨。

4.表示器官。
肾：shèn，属水的脏器。

肺：fèi，属金的脏器。
脾：pí，属土的脏器。
肝：gān，属木的脏器。
胆：dǎn，连着肝的脏腑。
胃：wèi，消化食物的脏腑。
脬：pāo，膀胱。
肠：cháng，大小肠。
脘：wǎn，胃脘。
肮：háng，喉咙。
脉：mài，血管。
胭：yān，咽喉；今义胭脂。
脑：nǎo，脑髓。
脏：zàng，身体内部器官的总称。
胰：yí，胰腺。
腑：fǔ，腑脏。
腺：xiàn，生物体内能分泌某些化学物质的组织。

5.表示疾病相关。
脱：tuō，消尽其肉而变瘦。
胗：zhěn，嘴唇溃疡。
胝：zhī，茧疤。
肿：zhǒng，痈肿。
胼：pián，硬茧。
胬：nǔ，胬肉。
胀：zhàng，皮肉鼓胀。
脓：nóng，从疮口流出的黏液。
膨：péng，胀大。
膙：jiǎng，硬茧。
臃：yōng，肿胀。
臜：zā，腌臜。

6.表示与食物相关。
腊：là，年终祭祀。
胙：zuò，祭祀时求福的肉。
隋：duò，祭祀剩余的肉。今读作 suī，隋代。
膳：shàn，备置食物。

肴：yáo，可吃的熟肉。

腆：tiǎn，设置饭菜美且多。

胡：hú，牛颈下垂肉；今多指胡子。

脯：fǔ，干肉。

膊：pò，薄薄的肉片，把它贴近在屋上，让它晒干；今读作 bó，胳膊。

朐：qú，条状干肉。

胥：xū，蟹酱。

脍：kuài，细细切成的肉。

腌：yān，用盐浸渍肉。

脟：zhuǎn，切成块的肉；今指鸟类的胃。

腐：fǔ，腐烂变质。

胶：jiāo，用皮煮成能粘的物质。

有：yǒu，持有。

胖：pàn，古代祭祀时用的半边牲肉；今读作 pàng，肥胖。

胨：dòng，肉冻。

腈：jīng，精肉。

腩：nǎn，煮肉。

7.表示与动物相关。

膘：piāo，牛肋后，大腿前皮肉相合的地方；今读 biāo，肥肉。

胜：shèng，狗油的气味。

臊：sāo，猪脂膏的气味。

腥：xīng，星现时喂猪，会令猪肉中生长小息肉；今指腥气。

脂：zhī，有角动物的脂肪。

能：néng，熊。假借为才能的"能"。

豚：tún，小猪，猪。

特殊字例

1."服、朕"中的"月"，是由"舟"字讹变而成的，与月和肉的意义均无关。

服：fú，舟两旁的夹木。

朕：zhèn，舟缝；我。

2."朋"中"月"是由其他字（物）形演变而来，与肉的意义无关。

朋：péng，古代货币单位。假借为朋友的"朋"。

3."鹏、腾、塍、媵、滕"分别是"鸟、马、土、女、水"作形旁，"朋、朕、朕、朕、朕"作声旁。"月"是声旁的部件，在字中没有独立意义。

鹏：péng，大鹏。

腾：téng，奔腾。

塍：chéng，田间的土埂。

媵：yìng，随嫁，陪送出嫁。

滕：téng，水向上腾涌。

4."赢、嬴、羸"分别是"贝、女、羊"作形旁，"𠃵"作它们的声旁。"月"是声旁的部件，在字中没有独立意义。

赢：yíng，有余利，获利。

嬴：yíng，姓氏。

羸：léi，瘦弱。

第三章 手脚类

部首	起源物象	象形文字	孳乳字例		特殊字例
			《说文解字》该部所辖	《新华字典》检字表该部所辖	
手（扌）			掌拇指拳抠揖攘拱捡拜推排挤抵摧拉挫扶持挈挚操擒搏摄挟扣握掸把扼携提拈按控掾拍拊掊挎撩措插抢择捉摔撮掬抱授接招抚揣掼投搔摽挑抉挠扰据摘揪搂披掉摇扬掀揭拯振扛扮捎拥揄擅揆拟损拨挹抒攫拓摅拾掇援抽擢拔握搗挛挺探撒撼搦挥摩批搅撞扔括拘擘技摹拙抟拮掘掩播挞抨挨扑捭捶拂抗捕挂拖撅捐捷扣搜换掖换掠拾捻拗捌摊抛打掺	扎扒托执扩扫拒找扯抄折抓扳抢抑抖护扭报抹拢拣担押拐拆拎拄拦拌拧抬拭拷挎挡拽拴挣拼挖挪捞捂捍捏捆挽捅拿捧描捺掏掂掷揍搭揩揽搁搓揉掰摸摆搬搞摔撑撕撒撑撬撤撰摇擎擦攀扦抔扑扤抃抻作扨抿挞挶捃捯捋捬捭捐挈搽揸撅撊掣摅摁撷搪搐搛搠摈揉摺摞撄搴撷撸搏揎擀撖擤擢攒攥攘	

续表

部首	起源物象	象形文字	孳乳字例《说文解字》该部所辖	孳乳字例《新华字典》检字表该部所辖	特殊字例
又			叉叟燮曼反叔取友度	支双皮圣受叙爰夔	邓劝发对戏观欢鸡变艰竖叛难桑叠聚
寸			寺将寻导	对封耐辱射尉尊爵	寿
力			勋功助劼务励劲勉劭勖劝动劣劳勤加勇勃劫劲募劬势勘办	夯幼男努励勔飍	
止				正此步武歧肯	些歪耻雌整鏨
夂			复爱夏夔	处各	冬务条咎备惫赣
足			蹄跟踝跖跪踽跄踊跻跃蹴蹑跨蹋蹈践踵踔蹩躅蹶跳跋颠跋跌踢蹲踞跛蹇蹁蹉跣距路跬蹭蹬蹉跎蹙	趴趾跑跷跺跤踏踩踪踱踩蹦躁蹒跫趵趺跗跞跚跏跆跬趿跸趾趸踌踉踟跂跐跣踯踺踝踹蹒蹊蹉蹚蹰蹽蹼蹾蹲蹴蹿躜躞	

042 部首识字

续表

部首	起源物象	象形文字	孳乳字例 《说文解字》该部所辖	孳乳字例 《新华字典》检字表该部所辖	特殊字例
辵(辶)			迹迈巡随逝述遵适过进造逾迮遄速迅逆迎遇遭逢迪递通迁运遁逊返还选送遣逦逮迟逗透避违邂迻达逯迭迷连述逋遗遂逃追逐遁近邋迫迩遏遮逞辽远逖迥迂道邋边邂邂逅徨逼邈遐迄迕透逻迢逍遥	这退途逛遍邀迓迮迤迦迨逢逵遨遏遛逞	邃
走			趋赴趣超赳越趁起赵趑趄赶	趟趔趱	
攴(攵)			肇敏整效故政敷数孜敝改敕敛敌救赦攸敦败寇收鼓攻敲畋牧	放教敢散敬敝	玫致撤敖敛鳌
殳			投殴殿段毅役	殷般	毁殁殽毂

一、手（扌）部

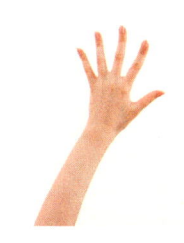

字形演变

【手 shǒu】

￥ 金　ψ 古　丰 简
手 篆　手 隶　手 楷

部首解析

《说文解字·手部》："手，拳也。象形。凡手之属皆从手。乎，古文手。"（译文：手，握拳的部分。象形字。大凡手的部属字都跟手的意义相关。乎，古文"手"字。）

古文字"手"像伸出五指形。本义指手掌。引申为拿着、抓取、亲手、亲自等义，又引申为手艺、技能、本领等义。在现代汉字中，"手"多作偏旁使用，在字的左侧时写作"扌"，称"提手旁"；在字的上方写作"龵"，称"看字头"；在字的下方写作"手"。"手"作意符组构的字，大多与手的形貌、动作等相关。

归类识字

1.表示手的形貌。

掌：zhǎng，手心。
拇：mǔ，大指。
指：zhǐ，手指。
拳：quán，握着的手。
掺：shān，手的美好样子；今多读作 chān。

2.表示手的动作。

抠：kōu，扣解裤纽。
揖：yī，拱手推至胸前。
攘：rǎng，推让。
拱：gǒng，收敛其手而抱拳。
捡：liǎn，敛手抱拳；今读作 jiǎn，拾取。
拜：bài，两手至地。
掏：tāo，掏挖。
推：tuī，用手排物。
排：pái，用手推挤物体。
挤：jǐ，推排。
抵：dǐ，排挤。
摧：cuī，推挤。
拉：lā，摧折。
挫：cuò，摧折。
扶：fú，搀扶。
持：chí，握住。
挈：qiè，物似倒悬而手提握。
挚：zhì，握持。
操：cāo，握持。
擒：qín，急忙捉住。
搏：bó，捕捉；现在义为搏斗。
摄：shè，提引而持。
挟：xié，守门者，扶持人；另读作 jiā，用胳膊夹住。
扪：mén，扶按而持。
握：wò，捉扼而持。
掸：dàn，提举而持。
把：bǎ，握持。
扼：è，把握。
携：xié，牵引扶行；今义，提着。
提：tí，物似倒悬而手持握。

044 部首识字

拈：niān，用指取物。
按：àn，用手向下压或摁。
控：kòng，拉开，开弓。
拍：pāi，抚拍。
拊：fǔ，抚摩。
掊：póu，用五指扒土。
捋：luō，用手指取物轻而易举，今多读作 lǚ。
捽：zuó，抓住头发。
撮：cuō，用三个指头聚拢抓取。
掬：jū，两手相合捧物。
抔：póu，引物相聚。
抱：bào，用手臂围住。
挡：dǎng，摒挡。
接：jiē，用手相交引。
招：zhāo，用手呼叫人。
投：tóu，投掷。
搔：sāo，抓挠。
摽：biào，拍击。
摘：zhāi，采摘果实。
搂：lǒu，拖引、聚集。
披：pī，从两旁引拉。
掉：diào，摇动。
摇：yáo，摆动。
捧：pěng，两手承托。
扬：yáng，飞起、举起。
掀：xiān，举着出去。
揭：jiē，高举。
振：zhèn，举而救助。
扛：káng，用肩膀承担物体；另读作 gāng，两手举（重物）。
扮：bàn，握持。
捎：shāo，选取上等物体。
拥：yōng，拥抱。
抃：biàn，拍手。
挹：yì，舀水。

抒：shū，舀。
攫：jué，用爪从上面像舀一样抓取。
摭：zhí，拾取。
拓：zhí，拾取；又读作 tuò，开辟；另读作 tà，拓印。
拾：shí，捡取。
掇：duō，拾取。
援：yuán，引拉。
抽：chōu，拉引。
擢：zhuó，拔引。
拔：bá，抽引。
挜：yà，拔引。
捣：dǎo，用手推击。
捯：dáo，用手推。
挛：luán，系上绳索牵引。
挺：tǐng，引拔出来。
探：tàn，深入摸取。
撇：piē，用手分离开。
撼：hàn，动摇。
搦：nuò，按压。
挥：huī，抛洒。
摩：mó，摩擦。
批：pī，反过手来打击。
撞：zhuàng，迅疾而捣。
括：kuò，捆扎。
拘：jū，用手留止。
摹：mó，照着样子做。
抟：tuán，用手搓捏成团。
拮：jié，手和口同时有所劳作。
掘：jué，挖。
掩：yǎn，收手覆盖。
播：bō，下种。
挞：tà，用鞭子或棍子打。
抨：pēng，开弓射丸。
挨：āi，以手击背；另读作 ái，遭受。
扑：pū，用鞭扑打。

第三章 手脚类

捭：bǎi，两手左右旁击。
捶：chuí，棒打。
拂：fú，飞掠而击。
捕：bǔ，捉取。
拖：tuō，曳引。
撅：juē，用手有所把持。
拿：ná，拿持。
扣：kòu，牵马。
掖：yè，用手挟持人的臂膀。
掐：qiā，用指甲刺入。
插：chā，刺入。
捻：niē，用手指搓转；另读作 niǎn。
拗：ǎo，用手折断。
扒：bā，拔；另读作 pá。
打：dǎ，击。
扎：zā，捆、缠束；另读作 zhā、zhá。
托：tuō，推。
执：zhí，持。
扫：sǎo，打扫；另读作 sào。
扯：chě，撕裂。
抄：chāo，叉取。
折：zhé，折断；另读作 zhē、shé。
抓：zhuā，搔。
扳：bān，拉、引。
抢：qiǎng，抢夺；另读作 qiāng。
抑：yì，按、向下压。
抖：dǒu，抖擞。
扭：niǔ，用手拧。
抹：mǒ，涂抹、搽；另读作 mā。
拢：lǒng，合拢、聚合。
拣：jiǎn，挑选、选择。
担：dān，用肩挑。
押：yā，签署。
拐：guǎi，拐杖。
拎：līn，提。

拄：zhǔ，支撑。
拦：lán，阻挡、遮拦。
拌：bàn，搅和、搅。
拧：níng，用力转动。
抬：tái，合力共举一物。
拭：shì，揩、擦。
拷：kǎo，打、拷打。
挎：kuà，胳膊弯起来挂着东西。
拽：zhuài，拉、牵引。
拴：shuān，绑住。
挣：zhēng，尽力支撑。
拼：pīn，拍。
挖：wā，掘。
挪：nuó，揉搓。
拯：zhěng，向上举。
捞：lāo，从水中寻取东西。
捂：wǔ，用手扪住。
捏：niē，搓捻。
捆：kǔn，叩击使牢。
挽：wǎn，牵引。
捅：tǒng，刺扎。
描：miáo，依样摹写或绘画。
捺：nà，用手重按。
掂：diān，以手称物。
掷：zhì，扔、抛。
揍：zòu，打。
搭：dā，打、击。
揩：kāi，擦抹、摩擦。
揽：lǎn，执、持。
揪：jiū，收聚。
搀：chān，牵挽。
搁：gē，放置。
搓：cuō，两掌互相摩擦。
揉：róu，使木弯曲。
掰：bāi，用手把东西分开。
摸：mō，用手轻触物体。

046 部首识字

摆：bǎi，撇开、摆脱。
搬：bān，挪动。
搞：gǎo，做。
摔：shuāi，用力扔在地上。
撕：sī，扯裂。
撑：chēng，支撑、支持。
撬：qiào，翘起、举起。
撤：chè，撤去。
撰：zhuàn，写作。
擂：léi，研磨。
擎：qíng，举。
擦：cā，摩擦。
攀：pān，拉、牵。
扦：qiān，扦子。
㧐：sǒng，推。
搿：qiǎ，用双手掐住。
抻：chēn，扯、拉长。
拃：zhǎ，张开拇指和中指（或小指）量长度。
㧟：kuǎi，揩拭。
抿：mǐn，刷、抹。
挝：zhuā，敲、打；又读作wō，国名。
挦：xián，扯、拔。
捃：jùn，拾取、摘取。
掳：lǔ，抢取。
掴：guó，用巴掌打。
捩：liè，扭转。
掮：qián，用肩扛东西。
挲：suō，摩挲，用手抚摩。
搽：chá，涂抹。
揸：zhā，撮取。
揿：qìn，按。
掣：chè，牵引、拉。
摁：èn，揿、按。
搋：chuāi，用力揉物。
搐：chù，牵动、抽缩。

搛：jiān，夹。
槊：shuò，扎、刺。
摈：bìn，排除、抛弃。
搡：sǎng，用力推。
撂：liào，撇开。
摞：luò，把东西重叠地往上放。
搴：qiān，拔取。
撷：xié，采摘。
撸：lū，捋。
撺：cuān，抛掷。
擀：gǎn，用手展物。
擤：xǐng，按住鼻孔用力出气，排鼻涕。
攉：huō，手反覆。
攥：zuàn，用手抓住。
攮：nǎng，推、挤。

3.表示与手相关的抽象意义。

掾：yuàn，佐助。
撩：liáo，料理。
措：cuò，放置。
抡：lún，选择。
择：zé，挑选。
捉：zhuō，扼。
授：shòu，给予。
抚：fú，安抚。
揣：chuǎi，测量、量度。
惯：guàn，习惯。
挑：tiāo，挑拨。
抉：jué，挑出。
挠：náo，扰乱。
扰：rǎo，扰乱。
据：jù，操作劳苦。
揄：yú，导引。
护：hù，保卫、保护。
擅：shàn，独揽。
揆：kuí，度量。
拟：nǐ，揣度。

损：sǔn，减少。
拨：bō，治理。
搅：jiǎo，扰乱。
扔：rēng，依旧。
擘：bò，分裂。
技：jì，技巧。
拙：zhuō，不能做技巧的事。
捍：hàn，抵御、保卫。
抗：kàng，捍御。
挂：guà，分别、划分。
捐：juān，舍弃。
捷：jié，像追逐禽兽一样而捕得。
搜：sōu，寻求、寻找。
换：huàn，更易。
掠：lüè，夺取。
捌：bā，分开。
摊：tān，铺开。
抛：pāo，丢弃。
扩：kuò，扩大、张开。
拒：jù，抵御、抵抗。
找：zhǎo，觅取、寻求。
报：bào，断狱、判决罪人。
拆：chāi，裂开。
揶：yé，耍笑、嘲弄。
摒：bìng，收拾、料理。
摅：shū，抒发、表达。
搪：táng，唐突。
撄：yīng，扰乱、干扰。
撵：niǎn，驱逐。
撒：sǎ，散布。
撙：zǔn，裁减、节省。
擞：sǒu，抖擞。
攒：zǎn，积聚。

二、又部

字形演变

【又 yòu】

甲 金 篆 隶 楷

部首解析

《说文解字·又部》："又，手也。象形。三指者，手之列多略不过三也。凡又之属皆从又。"（译文：又，手。象形字。字形只见三个指头的原因是，表示手的一类字多是简略不过三个。大凡又的部属字都跟又的意义相关。）

"又"像右手侧面之形，以三指代表手指。本义指右手。假借为表示程度的副词，意思是更、再、还、重复等。"又"组字时或演变作"彐"或"ヨ"，如寻、刍、寻、隶、事等。"又"还作简化符号使用，如艰（艱）、戏（戲）、邓（鄧）、观（觀）等。"又"在组构汉字时出现了两种变形。一种是演变成了横撇或撇捺，如右、友、厷、父、夬、及等；另一种是演变成了横折横横，如彗、尹、秉等。"又"作意符组构的字，大多与手的动作、功能及其抽象意义相关。

归类识字

1.表示手的动作、功能。

叉：chā，手指交错。

反：fǎn，翻覆。

叔：shū，收拾；假借表示叔叔。

取：qǔ，割下左耳。

皮：pí，用手剥兽皮。

支：zhī，去枝的竹子。

圣：shèng，掘地；假借表示圣人之圣。

受：shòu，交付。

曼：màn，引长。

爰：yuán，援引。

2.表示与手相关的抽象意义。

叟：sǒu，搜索；假借指年老的男人。

友：yǒu，志趣相同。

度：dù，法度。

双：shuāng，一对。

叙：xù，秩序、次序。

燮：xiè，调和。

矍：jué，惊慌四顾。

特殊字例

1."邓、劝、对、戏、观、欢、鸡、艰、难、叠"中的"又"作为简化符号使用，与又的意义无关。

邓：dèng，曼姓之国。

劝：quàn，勉励。

对：duì，应答。

戏：xì，三军的偏帅。

观：guān，仔细看。

欢：huān，喜乐。

鸡：jī，知时畜。

艰：jiān，土难治理。

难：nán，鸟名；假借为困难的"难"。

叠：dié，重叠。

2."发、变、竖、叛、胬、聚"中的"又"是字中的部件，在字中没有独立意义。

发：fā，放箭。

变：biàn，变化、改变。

竖：shù，竖立。

叛：pàn，背叛。

胬：nǔ，胬肉。

聚：jù，会合、集合。

3."桑"中的"又"是由其他物形演变而成。

桑：sāng，桑树；"又"像其叶形。

三、寸部

字形演变

【寸 cùn】

彐 简　彐 篆　寸 隶　寸 楷

部首解析

《说文解字·寸部》："寸，十分也。人手却一寸，动脉，谓之寸口。从又，从一。凡寸之属皆从寸。"（译文：寸，十分。人手后退一寸，即动脉之处，称作寸口。由又、由一会意。大凡寸的部属字都跟寸的意义相关。）

"寸"为指事字。"寸"为"又"下加指事符号"一"，指明此处即寸口。本义指手掌桡骨突起处（手腕内侧横纹处）向后一指宽的地方，也就是中医切脉的部位，又称"气口""脉口"。古人取自身部位作度量单位，故寸又作长度单位，引申指法度。"寸"作意符组构的字，大多与手的动作、法度相关。

归类识字

1.表示与手的动作相关。

导：dǎo，引导。

封：fēng，疆界。

射：shè，发射。

尉：wèi，烫平；假借作姓氏。

尊：zūn，酒器。

爵：jué，礼器。

2.表示与法度相关。

寺：sì，官府、朝廷；有法制的地方。

将：jiāng，将帅。

寻：xún，抽出丝的头绪而治理它；另义长度八尺为寻。

对：duì，应答。

耐：nài，古时一种剃掉胡须的刑罚。今表示忍耐。

辱：rǔ，羞耻。

特殊字例

"寿"中的"寸"是字中的部件，在字中没有独立意义。

寿：shòu，长寿。

四、力部

字形演变

【力 lì】

甲 金 篆 力 隶 力 楷

部首解析

《说文解字·力部》："力，筋也。象人筋之形。治功曰力，能圉（yǔ）大灾。凡力之属皆从力。"（译文：力，筋肉张缩的功用。像人的筋肉纵横鼓起的形状。能使天下大治的功劳叫力，能抵御大的灾难。大凡力的部属字都跟力的意义相关。）

甲骨文"力"像人胳膊的样子。本义为手臂。引申为力量、体力、气力等。也有学者说力像耒（一种农具）形。"力"作意符组构的字，大多与功劳、辛劳、努力、尽力等相关。

归类识字

1.表示功劳、辛劳。

勋：xūn，成就辅佐天子的大功劳。

功：gōng，用尽力量建立和稳定国家。

助：zhù，辅佐。

务：wù，为某事而奔走。

劣：liè，弱，缺气力。

劳：láo，十分勤苦。

勤：qín，辛劳。

劬：qú，辛劳。

男：nán，男人。

2.表示努力、尽力。

劢：mài，努力。

劲：jìng，强有力；今多读 jìn。

勉：miǎn，自强而尽力。

劭：shào，自强而努力。

勖：xù，勉励。
劝：quàn，勉励。
动：dòng，起身行动。
勇：yǒng，气上涌而有胆量。
勃：bó，推排。
劼：jié，人想离开，用力量胁迫其留止。
势：shì，强力的权势。
勘：kān，校定。
办：bàn，用尽力量。
夯：hāng，用力扛物。
努：nǔ，勉力、出力。
励：lì，劝勉。
勐：měng，勇猛。

3.表示与力气相关的抽象意义。

劼：jié，谨慎。
加：jiā，用言语欺诬人。
劾：hé，审理、判决。
募：mù，广泛征求。
幼：yòu，幼小。
勰：xié，思虑的和谐。

五、止部

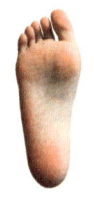

字形演变

【止 zhǐ】

部首解析

《说文解字·止部》："止，下基也。象草木出有址，故以止为足。凡止之属皆从止。"（译文：止，底下的基础。像草木长出来有根干基址，所以用止表示足。大凡止的部属字都跟止的意义相关。）

古文字"止"像有掌和趾的简化脚形。本义指脚。引申指脚趾。人休息时脚原地不动，故止有停止的意思，引申为停留、逗留、居所等义；脚可行走到任何地方，故引申为到、临、至的意思。"止"作意符组构的字，大多与足及行走相关。

归类识字

表示与足及行走相关。

步：bù，行走。
此：cǐ，所止之处。
正：zhèng，正直无偏斜。
肯：kěn，着骨之肉。
武：wǔ，征伐。
歧：qí，多余的脚趾。

特殊字例

1."些"中的"止"是偏旁（意符）"此"的部件，在字中没有独立意义。

些：suò，语余声的虚词；现读 xiē。

2."耻、雌"中的"止"作声符，表示读音。

耻：chǐ，耻辱、可耻。
雌：cí，母鸟。

3."歪、整、颦"中的"止"是偏旁（意符）"正、正、频"的部件，在字中没有独立意义。

歪：wāi，不正、偏斜。
整：zhěng，整齐。

颦：pín，皱眉。

六、夂部

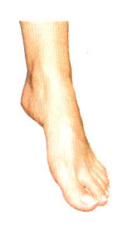

字形演变

【夂 zhǐ】

夂 甲　夂 金　夂 篆1
夂 篆2　夂 隶　夂 楷

部首解析

《说文解字·夂部》："夂，从后至也。象人两胫后有致之者。凡夂之属皆从夂。"（译文：夂，从后面送到。像人的两腿后面有送它的力量。大凡夂的部属字都跟夂的意义相关。）

《说文解字·夊（suī）部》："夊，行迟曳夊夊。象人两胫有所躧也。凡夊之属皆从夊。"（译文：夊，行路迟缓、摇曳，不能举步。像人的两腿上有所拖曳的样子。大凡夊的部属字都跟夊的意义相关。）

甲骨文、金文"夂"像趾向下的脚形。本义为行走。《说文》中夂、夊均为部首，组字时"夂"常在字上，称"冬字头"；"夊"常在字下，后均演变作"夂"。"夂"作意符组构的字，大多与脚及行走相关。

归类识字

表示与脚及行走相关。

复：fù，行故道。

爱：ài，行走的样子。今多表示慈爱。

夏：xià，中原地区的人。

夔：kuí，神奇的怪物。样子像龙，一只脚。

各：gè，到达、进入。

处：chǔ，止息。

特殊字例

1. "冬"中的"夂"是由其他物形演变而成。

冬：dōng，冬天。

2. "备"中的"夂"作为简化符号使用，与行走的意义无关。

备：bèi，谨慎。

3. "务（務）、条（條）、惫、赣"中的"夂"是其声旁"敄、攸、備（省形）、鞼（省形）"的部件，在字中没有独立意义。

务：wù，为某事而奔走。

条：tiáo，小的树枝。

惫：bèi，疲乏不堪。

赣：gàn，赐给。

4. "咎"中的"夂"是其意符"各"的部件，在字中没有独立意义。

咎：jiù，灾祸、灾殃。

七、足部

字形演变

【足 zú】

甲 金 篆 隶 楷

部首解析

《说文解字·足部》："足，人之足也。在下。从止、口。凡足之属皆从足。"（译文：足，人体下肢的总称。在人体的下部。由止、口会意。大凡足的部属字都跟足的意义相关。）

甲骨文、金文"足"像膝盖之下的肢体。本义指人的腿脚。泛指脚。引申指动物的蹄爪、植物的根茎等，又引申为充足、富足、满足等义。现代汉字中，"足"作偏旁组字时，写作"𧾷"。"足"作意符构成的字，大多与脚蹄及脚的姿态、动作相关。

归类识字

1.表示脚蹄。

蹄：tí，犬畜的脚蹄。
跟：gēn，脚后跟。
踝：huái，脚的踝骨。
跖：zhí，脚掌。
距：jù，鸡爪。
趾：zhǐ，脚。

跗：fū，足背。
跅：fū，脚背。
蹼：pǔ，禽鸟趾间相连的皮膜。

2.表示与脚的姿态相关。

跪：guì，古人坐姿。
踽：jǔ，独行无视的样子。
跷：qiāo，举足。
蹶：juě，僵仆跌倒。
踬：zhì，跌倒。
跋：bá，跌倒。
跌：diē，失足摔倒。
蹲：dūn，坐。
踞：jù，坐。
趴：pā，身体向下倒伏。
跎：tuó，失足。
跤：jiāo，身体摔倒。
跶：dā，失足跌倒。
蹉：cuō，失足、跌跤。
蹾：dūn，坐而不着地。

3.表示与脚的动作相关。

跄：qiàng，动。
踊：yǒng，跳跃。
跻：jī，登升。
跃：yuè，迅疾。
蹴：cù，践踏。
蹑：niè，踩踏。
跨：kuà，越过。
踏：tà，践踏。
蹈：dǎo，践踏。
践：jiàn，踩踏。
踵：zhǒng，追逐。
踔：zhāo，践踏。今读作 chuō。
蹩：bié，踢；另义，行步偏跛不正。
躅：zhú，踯躅。
跳：tiào，跳起。
靸：sà，鞋后帮踩在脚后跟下。今读

作 tā。

跣：xiǎn，赤脚贴着地。
路：lù，道路。
跑：pǎo，兽用足刨地。
跺：duò，脚用力踏地。
踢：tī，用脚触击。
踏：tà，用脚踩。
踩：cǎi，跳。
踪：zōng，踪迹。
踱：duó，慢慢地走。
蹂：róu，践踏。
蹦：bèng，两脚并着跳。
蹭：cèng，蹭蹬。
蹬：dēng，踩、踏。
躁：zào，急疾。
躪：lìn，碾踏。
趸：dǔn，整批地买进。
趵：bào，跳跃。
跞：luò，走动、跨越。
跆：tái，践踏。
跬：kuǐ，半步。
跸：bì，禁止通行。
趾：cī，脚下滑动。
跹：xiān，蹁跹。
踅：xué，折回、旋转。
踌：chóu，踌躇。
踟：chí，徘徊不进。
踯：zhí，徘徊不进。
踺：jiàn，践踏。
蹀：dié，顿足、踏。
踹：chuài，以脚底用力踢。
蹊：xī，等待。
蹙：cù，急促。
蹰：chú，踌躇。
躅：chú，徘徊不进。
蹽：liāo，快走。

蹿：cuān，向上跳。
躐：liè，逾越。
躜：zuān，向上或向前冲。
躞：xiè，小步行走。

4.表示与脚病相关。

跛：bǒ，行步偏跛不正。
蹇：jiǎn，跛足。
蹁：pián，脚不正。
踒：wō，足骨跌伤。
蹒：shān，蹒跚。
跏：jiā，行走时脚向内拐。
踉：liàng，走路不稳。
跕：diǎn，跛足人走路用脚尖点地。
蹒：pán，蹒跚。
蹚：tāng，行不正。

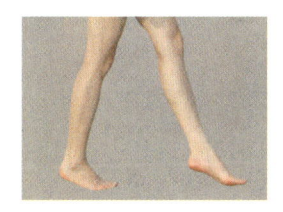

八、辵（辶）部

字形演变

【辵 chuò】

彳 甲 辵 篆 辵 隶 辵 楷

部首解析

《说文解字·辵部》："辵，乍行乍止也。从彳，从止。凡辵之属皆从辵。"（译文：辵，忽行忽止。由彳、由止会意。大凡辵的部属字都跟辵的意义相关。）

甲骨文"辵"由"彳"（道路）和

054 部首识字

"止"会意。本义指行走。"辵"在现代汉字中多作偏旁使用，写作"辶"，像"之"字拉长，故称"走之"。"辵"作意符组构的字，大多与行走、遭遇、道路相关。

归类识字

1.表示与行走相关。

迹：jì，行步之处。
迈：mài，远行。
巡：xún，长行的样子。
随：suí，跟从。
逝：shì，过去。
述：shù，遵循。
遵：zūn，遵循。
适：shì，往。
过：guò，经过。
进：jìn，前进登升。
造：zào，至、到。
逾：yú，超越前进。
迮：zé，仓促而起。
遄：chuán，往来疾速。
速：sù，迅速。
迅：xùn，疾速。
迪：dí，引导。
通：tōng，到达、通达。
迁：qiān，向上登移。
运：yùn，移动、转徙。
遁：dùn，迁移；另义，遁逃。
逊：xùn，逃遁。
返：fǎn，还。
还：huán，返。
选：xuǎn，遣送。
送：sòng，遣送。
遣：qiǎn，释放。
逦：lǐ，行走萦迂曲折的样子。
逮：dài，赶上、及。

迟：chí，徐徐而行。
逗：dòu，留止。
逶：wēi，斜行的样子。
迤：yǐ，斜行。
避：bì，回避。
遴：lín，行路艰难。
逡：qūn，往来。
逯：lù，行步谨慎。
迷：mí，迷惑，失途。
连：lián，人拉车而行。
逋：bū，逃亡。
遗：yí，遗亡，走失。
遂：suì，逃亡。
逃：táo，逃亡。
追：zhuī，追赶。
逐：zhú，追赶。
遒：qiú，急迫。
邋：liè，折断；今读作lā。
遢：tà，邋遢，行走的样子。
迫：pò，靠近。
迂：yū，迂曲，回避。
边：biān，走到了垂崖上。
逼：bī，逼近。
迄：qì，到。
迸：bèng，四散奔逃。
透：tòu，跳动、经过。
逻：luó，巡逻。
逍：xiāo，逍遥。
遥：yáo，逍遥。
退：tuì，退却；另义，行步迟迟。
遍：biàn，周匝普遍而行。
遑：huáng，紧急。
逛：guàng，闲游、游览。
迨：dài，及、到。
遨：áo，遨游。
遛：liù，逗留。

暹：xiān，日光上升。

2.表示与遭遇相关。

逆：nì，迎接。

迎：yíng，逢迎。

遇：yù，不期而逢。

遭：zāo，逢遇。

逢：féng，遭遇。

递：dì，更易迭代。

违：wéi，离别。

达：dá，行路不相遇。

迭：dié，交替、轮流。

逑：qiú，收敛聚合。

邂：xiè，邂逅。

逅：hòu，邂逅。

这：zhè，迎。

邀：yāo，迎候。

迓：yà，迎接。

迕：wǔ，相逢、相遇。

3.表示与道路相关。

近：jìn，附近。

迩：ěr，近。

遏：è，障蔽遮止。

遮：zhē，拦止。

辽：liáo，遥远。

迦：jiā，不能通行。

逞：chěng，通达。

远：yuǎn，遥远。

逖：tì，远。

迥：jiǒng，远。

道：dào，人们行走的道路。

遽：jù，驿车驿马。

迢：tiáo，高远。

途：tú，道路。

逄：páng，塞。

逵：kuí，四通八达的道路。

遐：xiá，远。

邈：miǎo，遥远。

特殊字例

"邃"中"穴"作形旁，"遂"作声旁。"辶"是声旁"遂"的部件，在字中没有独立意义。

邃：suì，深远。

九、走部

字形演变

【走 zǒu】

部首解析

《说文解字·走部》："走，趋也。从夭、止。夭止者屈也。凡走之属皆从走。"（译文：走，跑。由夭、止会意。夭止的意思是因为跑得快，腿脚弯曲。大凡走的部属字都跟走的意义相关。）

甲骨文"走"像一个人摆动双臂跑步的样子；后在其下部加"止"，表明此人正迈开脚步向前奔走。本义为跑。引申为往、去、移动、离开、逃跑、背离等义。由行走义引申为流传、传播、通畅等义。"走"在现代汉字中多作偏旁使用，称"走字旁"。"走"作意符组构的字，大多与跑跳、行走相关。

归类识字

1. 表示跑跳。

趋：qū，跑。
赴：fù，奔跑。
趣：qù，疾跑。
超：chāo，跳跃。
赳：jiū，轻捷刚劲而有才能有力量。
越：yuè，度过。
赶：gǎn，翘起尾巴奔跑。
趟：tàng，跳跃；另读作 tāng，从浅水中走过。
趱：zǎn，四散奔逃。

2. 表示行走。

趁：chèn，艰难前行。
起：qǐ，举足起立。
赵：zhào，行走迟缓的样子。
趑：zī，趑趄，行走不得前进。
趄：qū，行走不得前进；今多读作 qiè，趔趄。
趔：liè，趔趄。

十、攴（攵）部

字形演变

【攴 pū】

甲 金 篆 隶 楷

部首解析

《说文解字·攴部》："攴，小击也。从又，卜声。凡攴之属皆从攴。"（译文：攴，小击。从又，卜声。大凡攴的部属字都跟攴的意义相关。）

古文字"攴"像手持棍杖形。本义为击打。"攴"在现代汉字中不独立成字，作偏旁组字时常在字的右侧，写作"攴"，称"敲字边"，或写作"攵"，称"反文"。"攴（攵）"作意符组构的字，大多与敲击、改变、惩治、管理相关。

归类识字

1. 表示与敲击、改变相关。

肇：zhào，打击。
敏：mǐn，快速。
整：zhěng，整齐。
效：xiào，效法。
故：gù，使它成为这样。
政：zhèng，使不正为正。
敷：fū，施给。
数：shù，计数。
孜：zī，勤勉不息。
敞：chǎng，平整高地，可以登高望远。
改：gǎi，变更。
敕：chì，告诫。
敛：liǎn，收聚。
攸：yōu，使水平稳地流行。
鼓：gǔ，击鼓。
攻：gōng，攻击。
敲：qiāo，横击。
畋：tián，平治田地。
牧：mù，养牛的人。
教：jiào，教育、指导。
敢：gǎn，进取。

敬：jìng，恭敬、端肃。

2.表示与惩治、管理相关。

敌：dí，仇敌。

救：jiù，禁止。

赦：shè，舍弃、放置。

敦：dūn，恼怒、诋毁。

败：bài，毁坏。

寇：kòu，暴乱。

收：shōu，逮捕。

放：fàng，驱逐、流放。

散：sàn，分离。

敝：bì，败衣。

特殊字例

1."玫、致"中的"攵"是由"文、夊"讹变而成。

玫：méi，火齐珠。今多指玫瑰。

致：zhì，送诣。

2."敖、敫、撤、嫠"中的"攵"分别是其声旁"放、敫、徹（省形）、𣏂"的部件，在字中没有独立意义。

敖：áo，出游。

敫：jiǎo，光闪耀。

撤：chè，撤去。

嫠：lí，寡妇。

十一、殳部

字形演变

【殳 shū】

甲 金 篆 隶 楷

部首解析

《说文解字·殳部》："殳，以杸殊人也。《礼》：'殳以积竹，八觚，长丈二尺，建于兵车，车旅贲以先驱。'从又，几声。凡殳之属皆从殳。"（译文：殳，用杸隔离人。《周礼》说："殳用积竹制成，八条棱，长一丈二尺，树立在兵车上，车上的先锋队拿着它在前面驰驱。"从又，几声。大凡殳的部属字都跟殳的意义相关。）

甲骨文、金文"殳"像手持锤形器物。本义指古代一种无刃的长柄兵器。"殳"或为"投"的本字。现代汉字中，"殳"组字时常置于字的右侧，称"设字边"。"殳"作意符组构的字，大多与击打相关。

归类识字

表示与击打相关。

投：tóu，投掷。

殴：ōu，用捶杖击打物体。

殿：diàn，打击声。

段：duàn，用槌棰击物体。

毅：yì，盛怒。另义，有果决能力。

役：yì，戍守边疆。

殷：yīn，盛乐。

般：bān，盘旋。

特殊字例

"毁、殁、毂、榖"中的"殳"分别是

其声旁"毁（huǐ，省形）、没（省形）、殳（què）、殳"的部件，在字中没有独立意义。

毁：huǐ，瓦器缺损。

殁：mò，死。

彀：gòu，张弩。

毂：gǔ，车轮中心，有洞可以插轴的部分。

第四章　房屋类

部首	起源物象	象形文字	孳乳字例		特殊字例
			《说文解字》该部所辖	《新华字典》检字表该部所辖	
厂		𠂆	厥厉厝仄厌	厅厕厘厚原厢厨厦库厩厮	历压励雁愿厄厣魇餍赝
广		广	府庠庐庭庑庖库序庚廛廉庞底庇庶废庙廊廖	床店座麻庵廊庀麻廨廪	庄庆应庚度席唐康庸腐鹰邝庹赓膺
宀		𠆢	家宅室宣宛宸宇宏宁定安宓宴寂察完富容宝宦宰守宠宥宜宵宿寝宽寡客寄寓寒害宕宋宗宙寰	字牢灾审官宫宾寇寞寥寐寤寮	它宪寅密塞寨蜜搴
穴		穴	窨窑穿窦窠窗窈空窳窖窥窒突窜窣窀穹究穷邃窈	帘窃窄窝窟窿窸	
门		门	阊闱闳闺间阖阙阋阈阆闸阎闹阁闲阑闲闭阁阗阉阂闪阅阕阚阔闪闯闷阀阒	闰闩阍	问闷闹闻闽阍阊阅
户		戶	扉扇房局	启肩扁戾	雇戽扈

一、厂部

字形演变

【厂 hǎn】

甲 金 篆 隶 楷

部首解析

《说文解字·厂部》:"厂,山石之厓岩,人可居。象形。凡厂之属皆从厂。"(译文:厂,山上石头形成的边岸,它们下面的洞穴是人们可以居住的地方。象形字。大凡厂的部属字都跟厂的意义相关。)

"厂"像山崖的形状,《说文》籀文加"干"作其声符。本义指山崖。现代汉字中,"厂"是"廠"(chǎng,敞房义)的简化字。"厂"作意符组构的字,大多与山石、屋舍相关。

归类识字

1.表示与山石相关。

厥:jué,发射石块。
厉:lì,质地粗硬的磨刀石。
厝:cuò,磨刀石。
仄:zè,倾斜。
厌:yàn,覆压。
厚:hòu,山陵厚。
原:yuán,水源。

2.表示与屋舍相关。

厅:tīng,堂屋。
厘:lí,家福、幸福。
厢:xiāng,廊。
厨:chú,厨房。
厦:shà,大屋子。
厕:cè,茅厕。
厍:shè,村庄。
厩:jiù,马圈、马棚。
厮:sī,男性奴隶或仆役。

特殊字例

1. "历"是"歷、曆"的规范字。"厂"在"歷、曆"中是偏旁(声旁)"麻"的部件,在字中没有独立意义。

历(歷、曆):lì,经历,天象。

2. "压(壓)、厣(靨)、魇(魘)、餍(饜)"中的"厂"分别是其声旁"厭"的部件,在字中没有独立意义。

压(壓):yā,崩坏。
厣(靨):yè,酒窝。
魇(魘):yǎn,梦中惊叫。
餍(饜):yàn,吃饱。

3. "励"是形声兼会意字,"力"作形旁,"厉"作声旁,兼表示激励的意思。其中的"厂"是"厉"的部件,在字中没有独立意义。

励:lì,劝勉。

4. "雁、厄"中"厂"作声符,表示读音。

雁:yàn,大雁。
厄:ě,木节。

5. "愿、赝"中分别是"心、贝"作形旁,"原、雁"作声旁。其中的"厂"是其声旁的部件,在字中没有独立意义。

愿:yuàn,恭谨。
赝:yàn,假的、伪造的。

二、广部

字形演变

【广 yǎn】

⿱ 甲　⿱ 金　广 篆　广 隶　广 楷

部首解析

《说文解字·广部》："广，因广为屋，象对剌高屋之形。凡广之属皆从广。"（译文：广，依傍岩岸架屋，像高耸的房屋的样子。大凡广的部属字都跟广的意义相关。）

"广"像依山势而建、无前墙的房屋形，反映了人类早期居所的特点。本义指依山崖建造的房屋。泛指草屋、庙宇等，此义后写作"庵"，如河南方言称草棚为"庵子"。现代汉字"广"还是"廣"（guǎng，本义指有顶无壁的大殿）的简化字，引申为广大义。"广"作意符组构的字，大多与屋舍名称及其功用相关。

归类识字

1. 表示屋舍名称。

府：fǔ，文书储藏的地方。
庠：xiáng，学校。
庐：lú，田中可寄居的棚舍。
庭：tíng，房室之中。
庑：wǔ，堂下周围的屋。
庖：páo，厨房。
库：kù，兵甲车马收藏的处所。
序：xù，东西墙。
庾：yǔ，储存水路转运粮食的仓库。
廛：chán，古代城市平民一家所居的房地。
廉：lián，厅堂的侧边。
庞：páng，高大的屋。
底：dǐ，止息、居住的地方。
庙：miào，宗庙，供奉祭祀祖先的处所。
廊：láng，低于堂屋的过道。
店：diàn，店舍。
庵：ān，小草屋。
廨：xiè，官署。
廪：lǐn，米仓。

2. 表示屋舍功用。

庇：bì，遮蔽。
庶：shù，屋下光彩众多。
废：fèi，房屋倒塌。
床：chuáng，安身的坐具。
座：zuò，席位。
麻：má，劈好的麻的茎皮。
廓：kuò，大、空。
庋：guǐ，置放器物的架子。
庥：xiū，休息。
廖：liào，空虚。

特殊字例

1. "庄、庆、应、庚、唐、康、庸、赓"中的"广"是由其他字（物）形省减而来，在字中没有独立意义。

庄：zhuāng，村落，田舍。
庆：qìng，祝贺、庆贺。
应：yīng，应当、应该；又读 yìng，应和、响应。
庚：gēng，天干的第七位。

唐：táng，大话。
康：kāng，谷皮、米糠。
庸：yōng，用、需要。
赓：gēng，连续。

2."度、席"中分别是"又、巾"作形旁，"庶（省形）"作它们的声旁。其中的"广"是其声旁的部件，在字中没有独立意义。

度：dù，法度。
席：xí，铺垫的席子。

3."邝（廊）"是形声字，"阝（邑）"作形旁，"广（廣）"作声旁，与"广"的意义无关。

邝：kuàng，姓，出庐江县。

4."庹"中的"广"是偏旁（意符）"庹"省形后的部件，在字中没有独立意义。

庹：tuǒ，平伸两臂，两手间的距离。

5."腐、鹰、膺"中的"广"分别是偏旁（声旁）"府、瘖（省形）、雍（省形）"的部件，在字中没有独立意义。

腐：fǔ，腐烂变质。
鹰：yīng，老鹰。
膺：yīng，胸腔。

三、宀部

字形演变

【宀 mián】

宀甲　宀金　宀篆　宀隶　宀楷

部首解析

《说文解字·宀部》："宀，交覆深屋也。象形。凡宀之属皆从宀。"（译文：宀，交相覆盖的深邃的屋子。象形字。大凡宀的部属字都跟宀的意义相关。）

古文字"宀"像尖顶房屋的侧面形。本义指房屋。在现代汉字中，"宀"不独立成字，称"宝盖"。"宀"作意符构组的字，大多与房屋名称、形态、功用等相关。

归类识字

1.表示与房屋名称及组成部分相关。

家：jiā，居处的地方。
宅：zhái，寄托身躯的地方。
室：shì，内室。
宣：xuān，天子宽大的正室。
宸：chén，屋檐。
宇：yǔ，屋的边檐。
宕：dàng，洞屋。
宗：zōng，祖庙。
宙：zhòu，屋宇的栋梁。
宫：gōng，宫室。
寮：liáo，窗口。
寰：huán，王畿。

2.表示与房屋的形态相关。

宏：hóng，房屋幽深而有回响。
寂：jì，没有人的声音。
察：chá，屋檐向下覆盖。
宠：chǒng，崇高的位置。
宽：kuān，房屋宽敞。
寡：guǎ，少。
寞：mò，寂寞、无声。
寥：liáo，空虚。

3.表示与房屋的功用相关。

宛：wǎn，把草弯曲用以覆盖自身。

宁：níng，安宁。
定：dìng，安定。
安：ān，安宁。
宓：mì，安定。
宴：yàn，安息。
完：wán，完全。
富：fù，完备。
实：shí，富裕。
容：róng，盛纳。
宝：bǎo，珍宝。
宦：huàn，学习做官的事。
宰：zǎi，在屋子底下做事的罪人。
守：shǒu，官吏的职守。
宥：yòu，宽仁。
宜：yí，令人心安的地方。
宵：xiāo，夜晚。
宿：sù，止宿。
寝：qǐn，躺卧。
客：kè，寄居。
寄：jì，托付。
寓：yù，寄居。
寒：hán，冷冻。
害：hài，伤害。
宋：sòng，居住。
字：zì，生孩子。
牢：láo，关养牛马等牲畜的圈。
灾：zāi，天火、火灾。
审：shěn，详究、考察。
官：guān，官吏。
宾：bīn，贵客。
寇：kòu，入侵、侵犯。
寐：mèi，睡着。
寤：wù，睡醒。

特殊字例

1. "宪、密、寨、蜜、搴"中的"宀"是它们的声旁"害（省形）、宓、赛（省形）、宓、寒（省形）"的部件，在字中没有独立意义。

宪：xiàn，敏捷；今指法令。
密：mì，形状像堂屋的山。
寨：zhài，栅栏。
蜜：mì，蜜蜂采取花液酿成的甜汁。
搴：qiān，拔取。

2. "塞"中的"宀"是其意符的部件，在字中没有独立意义。

塞：sāi，边塞障隔。读作sài、sè。

3. "它、寅"中"宀"是由其他物形演变而来，在字中没有独立意义。

它：tā，虫。
寅：yín，地支之一。

四、穴部

字形演变

【穴 xué】

സ甲 穴金 穴篆 穴隶 穴楷

部首解析

《说文解字·穴部》："穴，土室也。从宀，八声。凡穴之属皆从穴。"（译文：穴，土室。"宀"作形旁，"八"作声旁。大凡穴的部属字都跟穴的意义相关。）

古文字"穴"像岩洞、洞穴之形。在

部首识字

生产力低下的远古时代，天然洞穴是古人最宜居住的"家"，后来发展为在沟壁上开挖土穴或直接挖建穴式住宅。山西、河南还发现了"地坑式"窑洞遗址，即先在地面上挖出下沉式天井院，再在院壁上挖出窑洞，至今河南三门峡等地仍在使用这种住宅。穴本义指古人居住的洞穴或挖地建造的土室。引申指洞窟、墓穴，还指人身体上的穴位。"穴"作意符组构的字，大多与洞穴、屋室相关。

归类识字

1.表示与洞穴相关。

穿：chuān，穿透。
窦：dòu，孔穴。
窠：kē，孔穴。
窍：qiào，孔穴。
空：kōng，孔穴。
窳：yǔ，低下之处。
窥：kuī，从小孔隙中偷看。
窒：zhì，填塞。
突：tū，犬从洞中突然而出。
窜：cuàn，逃藏。
窣：sū，从洞穴中突然出来。
窘：jiǒng，困迫。
窕：tiǎo，深邃之极。
穹：qióng，穷尽。
究：jiū，穷尽。
穷：qióng，终尽。
窈：yǎo，幽深。
邃：suì，深远。
窝：wō，巢穴。
窟：kū，土穴。
窿：lóng，窟窿。
窸：xī，从洞穴出。

2.表示与屋室相关。

窨：yìn，地下室。
窑：yáo，烧制陶器的灶。
窗：chuāng，通明之孔。
窖：jiào，地下储藏物品的洞穴。
帘：lián，门帘。
窃：qiè，偷盗。
窄：zhǎi，狭小。

五、门部

字形演变

【门 mén】

门 甲 门 金 門 篆
門 隶 門 楷 门 楷

部首解析

《说文解字·门部》："门，闻也。从二户。象形。凡门之属皆从门。"（译文：门，内外相互闻听得到。由两个户字会意。象形字，大凡门的部属字都跟门的意义相关。）

"门"像双扇门之形。本义指双扇门。泛指建筑物的出入口。引申指家门、门第、门户等义。宋元以来，"門"依草书字形简写作"门"。"门"作意符组构的字，大多与门的种类、附属物、状态等相关。

归类识字

1.表示门的种类。

阊：chāng，传说中的天门。

闱：wéi，宫中的小门。

闳：hóng，巷门。

闺：guī，独立的门。

闾：lú，里巷的大门。

阎：yán，里巷中的门。

2.表示门的附属物。

阇：dū，城门上的台。

阙：què，宫门外两边的楼台。

阖：hé，门扇。

阈：yù，门槛。

阁：gé，用来固定门扇的东西。

阑：lán，门前的栅栏。

闲：xián，木栏。

阀：fá，阀阅，古人自序功德而树立在门外左右两边的柱子。

闩：shuān，门的横栓。

阃：kǔn，门槛。

3.表示门的状态。

阆：làng，门高。

阐：chǎn，打开。

闿：kǎi，开门。

闸：zhá，开门、闭门。

间：jiàn，空隙。

阏：è，阻塞。

闭：bì，关门。

阂：ài，从门外关门。今读作 hé。

阗：tián，盛大的样子。

闒：tà，门内。

阕：què，祭事结束而闭门。

4.表示与门相关的人和事。

阉：yān，童仆。

阍：hūn，关闭门户的差役。

闪：shǎn，把头伸在门中偷看。

阅：yuè，在门中逐一清点算计。

阚：kàn，盼望。

阔：kuò，疏远。

闵：mǐn，吊唁的人在门口。

闯：chuǎng，马出门的样子。

阒：qù，寂静。

闰：rùn，闰月。

特殊字例

1."问、闷、闻、闽、訚"中的"门"在字中作声旁，表示读音。

问：wèn，询问。

闷：mèn，烦闷、愤懑。

闻：wén，听到。

闽：mǐn，南方的越族，与蛇虫习居的种族。

訚：yín，和悦而正直地争辩。

2."闹、阄、阋"中的"门"是由其他字形（鬥，dòu）省减而来。

闹：nào，不安静。

阄：jiū，抓取。

阋：xì，不和、争吵。

六、户部

部首识字

字形演变

【户 hù】

曰 甲　阝 金　户 篆　户 隶　户 楷

部首解析

《说文解字·户部》："户，护也。半门曰户。象形。凡户之属皆从户。"（译文：户，保护室内的门户。门一半叫户。象形字。大凡户的部属字都跟户的意义相关。）

"户"像单扇门形，金文字形加"木"会意。本义指单扇门。因此门多用于内室，故引申为住户、人家等义。又引申指门楣上的方木或圆木，因其成双出现，俗称"户对"，旧时户对数目有等级限制，媒人常通过观察户对和门当（门墩，亦有等级）来判断男女双方经济社会地位是否相当。"户"作意符组构的字，大多与门户相关。

归类识字

表示与门户相关。

扉：fēi，门扇。

扇：shàn，门扇。

房：fáng，正室两旁的房室。

扃：jiōng，门的外门闩、门环。

启：qǐ，打开。

肩：jiān，肩膀。

戾：lì，弯曲。

匾：biǎn，在门户上题字。

特殊字例

"雇、戽、扈"中的"户"在字中作声旁，表示读音。

雇：hù，农桑候鸟；今读作 gù。

戽：hù，戽斗。

扈：hù，古国名。

第五章 服饰类

部首	起源物象	象形文字	孳乳字例 《说文解字》该部所辖	孳乳字例 《新华字典》检字表该部所辖	特殊字例
糸（纟）			繅绎绪缅纯绡纥织经综绺纬统纪纳纺绝继续缵绍纵纡纤细缩紊级约缭缠绕缳辫结缔缚绷给纨终缯绮縠缣绨练缟紫绫缦绣绚绘绢绿缥绌绛绾缇紫红绀綦缲缁缛缨绳绅绶组纂纽纶缘绔纲缕线缝缮累缟缑徽纫绳繁缒缄编维缰纷纣绊縻继绠缴缙絮络纸缉绩纳緵缪绸纰缢绥彝缃绯绬绻	系素纠纤纱纹绑绒绞索紧绰绵绽缀缆缎缓缤繁纭绂绗绦绡缂纱缜缵缲缬纛	
革			鞣靶鞁鞋鞠靶靳鞍勒鞥鞭鞅鞘鞯靴	靰鞑勒鞑鞒鞑鞨鞠鞴鞴鞴	
巾			帅币幅带帧帔常幔帷帐幕帖帙幡饰帏帚席帘布幢帜幅幞	帆希帕帘帮帽幌帛帧幄幂幛	市吊师帝
衣（衤）			裁衮裸衽褛衿襟袭袍表褴袖袂裾寨褒裔裴襦褊袷襄被佥袤衷裨袢裕襞裂袒补裰裸裎装裹褐衰褚袅衫袄裘	初衬袜袱袋裤裙裥裳褪褥衩衲裆裉裢裥裱裰袋哀裕裆裸褐褶襻袈裟	哀

一、糸（纟）部

字形演变

【糸 mì】

甲 金 篆 隶 楷

部首解析

《说文解字·糸部》："糸，细丝也。象束丝之形。凡糸之属皆从糸。"（译文：糸，细丝。像一束丝的样子。大凡糸的部属字都跟糸的意义相关。）

甲骨文"糸"像束丝之形，一说像绳索之形。现代汉字中，"糸"组字时常在字的左侧，繁体字形中写作"糹"，今依草书字形简写作"纟"，称"绞丝旁"；在下方时写作"糸"，称"绞丝底"。"糸"作意符构组的字，大多与丝线、编织物及颜色等相关。

归类识字

1.表示丝线种类。

缫：sāo，抽茧出丝。
绎：yì，抽丝。
绪：xù，丝头。
缅：miǎn，细丝。
纯：chún，蚕丝。
绡：xiāo，生丝。
纥：hé，下等的丝。
级：jí，丝的次第。

2.表示丝线特性。

纳：nà，丝湿润润的样子。
绝：jué，断丝。
继：jì，断续。
续：xù，连接。
缵：zuǎn，继承。
绍：shào，继承。
纵：zòng，松缓。
纾：shū，宽缓。
纡：yū，曲折。
纤：xiān，细小。
细：xì，丝微小。
缩：suō，杂乱。
紊：wěn，丝乱。
约：yuē，缠绕、捆缚。
缭：liǎo，缠绕。今读作 liáo。
缠：chán，缭绕。
绕：rào，缠绕。
缳：xuán，缠络。今读作 huán。
辫：biàn，交织。
结：jié，丝打结。
缔：dì，丝纠结得不可分解。
缚：fù，用绳索捆绑。
绷：bēng，缠束紧。
给：jǐ，引丝相继续。
终：zhōng，缠紧丝。
纽：niǔ，绑束；另义，打结而可以解散。
绰：chuò，宽缓。
缓：huǎn，宽缓。
缱：qiǎn，紧束、牵住。
绻：quǎn，缱绻；相结牢固，不离散。
系：xì，相联系。
绵：mián，将微小的丝连续起来。

萦：yíng，缭绕。
绑：bǎng，捆、缚。
紧：jǐn，缠丝急。
缤：bīn，缤纷。
纭：yún，多而杂乱。
缜：zhěn，细致。
繇：yáo，随从。

3.表示布帛。
经：jīng，编织品的纵线。
织：zhī，制作麻织品和丝织品的名称。
综：zòng，织机上使经线与纬线能交织的装置。
纬：wěi，编织品的横线。
统：tǒng，丝的头绪。
纪：jì，丝的另一头绪。
纨：wán，白色细绢。
缯：zēng，丝帛。
绮：qǐ，有花纹的丝织品。
縠：hú，皱纱类的丝织品。
缣：jiān，双丝织成的绢。
绨：tí，厚实的丝织品。
练：liàn，把丝织品沤煮得柔软洁白。
缟：gǎo，白色细绢。
綮：qǐ，细密的丝织品。
绫：líng，细薄的布帛。
缦：màn，丝织品没有花纹。
绣：xiù，设色五彩俱备。
绚：xuàn，洁白的底子上画着文彩。
绘：huì，五彩的刺绣。
缨：yīng，系帽子的带子。
绲：gǔn，编织的带子。
绅：shēn，束腰大带的下垂部分。
绶：shòu，拴紧蔽膝的丝带。
组：zǔ，绶带一类。
纂：zuǎn，赤色的丝带。

纶：guān，青丝绶带。今读作 lún。
缘：yuàn，装饰衣边。
绔：kù，套在小腿直到大腿的衣。
绦：tāo，彩色丝带。
缕：lǚ，线。
缝：féng，用针把布帛连缀成衣。
缮：shàn，补衣。
缡：lí，用丝在鞋面上盘画。
徽：huī，绑腿布。
编：biān，用丝依次排列竹简。
繁：fán，马颈鬣毛上的丝制装饰物。
纷：fēn，包藏马尾的套子。
缴：zhuó，生丝线；今多读作 jiǎo。
絮：xù，粗丝绵。
络：luò，粗丝绵。
纸：zhǐ，漂洗后附着于漂器上的絮渣。
绉：zhòu，极细的细葛布。
缌：sī，六百纵线织成二尺二寸宽的麻布；另义，两根麻线夹一根丝线织成的布。
素：sù，未经加工的白色而又细密的丝织品。
纱：shā，轻细的绢。
纹：wén，丝织品上的花纹。
绒：róng，细布。
绽：zhàn，衣缝。
缀：zhuì，缝合、连缀。
缎：duàn，缝贴于鞋跟的革片、丝绦之类。
绂：fú，系印章或佩玉用的丝带。
绗：háng，把布和棉花缝连在一起。
绱：shàng，缝合鞋底、鞋垫、鞋帮。
缈：miǎo，纱。
缂：kè，刻丝。
缬：xié，有花纹的纺织品。
纛：dào，古代一种大旗。

4.表示绳索。

绺：liǔ，十根丝麻组成一绺。

纺：fǎng，结丝麻。

纲：gāng，大绳。

线：xiàn，丝麻制成的细长物。

累：léi，相连缀而得其条理；另义，大的绳索。

緱：gōu，缠在刀剑柄上绳子。

纫：rèn，单股而成的绳。

绳：shéng，绳索。

缒：zhuì，用绳悬挂着东西。

缄：jiān，捆扎箱箧的绳索。

维：wéi，系车盖的绳索。

缰：jiāng，拴系马的绳子。

纣：zhòu，套车时拴在马后横木上的皮带。

绊：bàn，御马的绳索。

縻：mí，牛缰绳。

绁：xiè，绳索。

绠：gěng，从井里汲水的绳索。

缗：mín，钓鱼的丝绳。

缉：jī，绩麻。

绩：jì，把麻捻成绳线。

缪：móu，麻的十束。

绸：chóu，麻的十束。

纰：bǐ，氏族人织的毛布；今多读作 pī。

缢：yì，吊死。

绥：suī，车中用手把持用以登车的绳索。今读作 suí。

纠：jiū，三股丝麻绞合的绳子。

绞：jiǎo，将细线相交扭结而成的绳索。

索：suǒ，用草茎叶做的绳索。

缆：lǎn，系船用的粗绳。

辔：pèi，驾驭牲口的嚼子和缰绳。

缧：léi，黑索。

5.表示颜色。

绢：juàn，麦青色的丝织品。

绿：lǜ，丝织品呈青黄色。

缥：piǎo，丝织物呈青白色。

绌：chù，深红色。

绛：jiàng，大红色。

绾：wǎn，粗浅的一种绛色。

缙：jìn，丝织品呈粉红色。

缇：tǐ，丝织品呈橘红色。今读作 tí。

紫：zǐ，丝织品呈青赤色。

红：hóng，丝织品呈浅赤色。

绀：gàn，丝织品呈深青色而又发射着赤光。

綦：qí，丝织品呈苍绿的像艾蒿一样的色彩。

缲：qiāo，丝织品呈现像绀一样的带红的黑色。

缁：zī，丝织品呈黑色。

缛：rù，繁密的彩饰。

彝：yí，宗庙祭器的通名。

缃：xiāng，浅黄色的丝织品。

绯：fēi，绯红色的丝织品。

二、革部

字形演变

【革 gé】

甲 金 篆 隶 楷

部首解析

《说文解字·革部》："革，兽皮治去其毛，革更之。象古文革之形。凡革之属皆从革。"（译文：革，兽皮除去它的毛，改变它的样子。像古文"革"的样子。大凡革的部属字都跟革的意义相关。）

甲骨文"革"像带毛的兽皮形，战国后字形加双手，表示治理兽皮义。本义指经过加工的兽皮。引申为除去、改变义，如革命、革新。"革"作意符组构的字，大多与皮革及特性、制品等相关。

归类识字

1.表示皮革及特性。

鞣：róu，使皮革柔软。
靼：dá，柔软的皮革。
鞭：biān，用鞭驱赶马。
鞫：jū，审问犯人。

2.表示皮革制品。

靸：sǎ，小儿的鞋子。
鞋：xié，生皮革做的鞋子。
鞠：jū，蹋鞠。
靶：bà，缰绳上架马者所把之革。今读作bǎ。
靳：jìn，套在辕马胸部的皮革。
鞍：ān，设置在马背上的皮座。
勒：lè，系马嚼子的皮革。
鞬：jiān，马上盛弓箭的器具。
鞅：yǎng，套在牛马颈上的柔软皮革。
鞘：qiào，刀套。
鞯：jiān，垫马鞍的垫子。
靴：xuē，皮制鞋一类。
靰：wù，靰鞡，皮革做的鞋。
鞡：yào，靴或袜子的筒。
鞒：qiáo，马鞍拱起的地方。
鞡：la，靰鞡，皮革做的鞋。
鞧：qiū，拴在驾辕牲口屁股上的皮带。
韝：gōu，臂套。
鞁：bèi，车轼上的一种饰物。

3.表示少数民族。

靺：mò，靺鞨，少数民族。
韃：dá，鞑靼，少数民族。
鞨：hé，靺鞨，少数民族。

三、巾部

字形演变

【巾 jīn】

巾 甲　巾 金　巾 篆　巾 隶　巾 楷

部首解析

《说文解字·巾部》："巾，佩巾也。从冂（jiōng），丨（gǔn）象系也。凡巾之属皆从巾。"（译文：巾，佩戴的巾帛。从巾形的冂，丨像系佩的绳索。大凡巾的部属字都跟巾的意义相关。）

"巾"像佩巾下垂之形。本义指古代女子系于腰间用于拭物除秽的布帛，或称作"帨（shuì）巾"，又叫"缡"（lí）。后泛指头巾、披巾、毛巾等，如黄巾起义、巾帼英雄。按《周礼》记载：女子出嫁时由其母亲将佩巾系在女儿身上，称为"结缡"。今河南方言中称妇女下厨房所用的围裙仍作"帨巾""帨裙"。"巾"作意符组构的字，大多与巾帛、帷帐及其功用相关。

归类识字

1.表示巾帛。

帅：shuài，佩戴的巾帛。

币：bì，帛。

幅：fú，布帛的宽度。

带：dài，大的衣带。

帻：zé，发有头巾包裹。

帔：pèi，上披的裙。

常：cháng，下身的裙子。

幂：mì，用巾覆盖东西。

帚：zhǒu，扫除。

席：xí，铺垫的席子。

帑：tǎng，金帛收藏的地方。

幢：chuáng，旗帜之类；另读作zhuàng，房屋。

帜：zhì，旌旗的标志。

帼：guó，古代妇女的头巾、头饰。

幞：fú，幞头。

布：bù，麻织品。

帛：bó，缯帛。

希：xī，稀疏。

帕：pà，头巾。

帘：lián，门帘。

帮：bāng，鞋的边缘部分。

帽：mào，帽子。

2.表示帷帐。

幔：màn，帐幕。

帷：wéi，围在四旁的帘幕。

帐：zhàng，床帐。

幕：mù，覆布。

帆：fān，利用风力使船行驶前进的布幔。

幌：huǎng，帷幔。

幄：wò，形如房屋的大帐幕。

3.表示与巾的功用相关。

帖：tiè，帛上写的题签。

帙：zhì，书的封套。

幡：fān，擦拭写字板的布。

拭：shì，刷拭。

帏：wéi，囊袋。

帧：zhēn，画幅。

幛：zhàng，在布帛上面题字，作为庆吊的礼物。

特殊字例

"市、吊、师、帝"中的"巾"是由其他字（物）形演变而成，与"巾"的意义无关。

市：shì，市场。

吊：diào，吊唁。

师：shī，古代军队编制。

帝：dì，花蒂；今多指天帝、君主。

四、衣（衤）部

字形演变

【衣 yī】

衣 甲　衣 金　衣 篆　衣 隶　衣 楷

部首解析

《说文解字·衣部》："衣，依也。上曰衣，下曰裳。象覆二人之形。凡衣之属皆从衣。"（译文：衣，人们依赖其遮蔽身体。上身穿的叫衣，下身穿的叫裳。像用"人"覆盖两个"人"字的形状。大凡衣的部属字都跟衣的意义相关。）

古文字"衣"像古时上衣之形，上像领口，两旁为袖筒，下像两襟左右相覆。本义指上衣。古代上衣称衣，下衣为裳。现代汉字中，"衣"作偏旁组字时，常位于字的左侧，写作"衤"，称"衣旁"或"衣补旁"。"衣"作意符组构的字，大多与制衣有关，或与衣服类别、部位、款式等相关。

归类识字

1. 表示制衣。

裁：cái，裁剪衣服。
裂：liè，缯帛的残余。
袒：zhàn，衣缝裂开。今读作 tǎn。
补：bǔ，修补使衣服完好。
褚：chǔ，用丝绵装铺衣服。今读作 zhǔ。
初：chū，裁制衣服的起始。
衲：nà，缝补、补缀。
裰：duō，缝补破衣。

2. 表示衣服类别。

衮：gǔn，古代帝王穿的礼服。
襁：qiǎng，背负婴儿的衣物。
袭：xí，死者穿的衣襟在左边的内衣。
袍：páo，有夹层、中装绵絮的长衣。
褴：lán，无边饰的衣服。
褰：qiān，套裤。
襦：rú，短袄。

亵：xiè，私居在家的衣服。
衷：zhōng，贴身的内衣。
褐：hè，编织粗麻而成的袜子。另一义说，用兽毛或粗麻织成的衣服。
蓑：suō，草做的避雨衣；今读作 shuāi。
衫：shān，无袖上衣。
袄：ǎo，皮衣之类。
裘：qiú，皮衣。
衬：chèn，外衣内的单衫。
裙：qún，下裳。
袈：jiā，袈裟
裤：kù，套裤。
褂：guà，上身的衣服。
裳：cháng，下衣；另读作 shang。
裟：shā，袈裟。
褙：bèi，短衣。
褓：bǎo，婴儿的衣物。
褟：tā，贴身的衣衫。
褶：dié，夹衣；今读作 zhě，衣服折痕。

3. 表示衣服部位。

衽：rèn，衣襟。
褛：lǚ，衣襟。
衿：jīn，内外相交的衣襟。
襟：jīn，衣服领口相交的部分。
袤：mào，衣带以上。
袖：xiù，衣袖。
袂：mèi，衣袖。
裾：jū，衣服的前襟。
裔：yì，衣服的边缘。
袋：dài，衣袋。
裆：dāng，裤裆。
衩：chà，衣服旁边开口的地方。
裉：kèn，衣服在腋下的接缝处。
襻：pàn，扣住纽扣的套。

4. 表示衣服款式。

褒：bāo，上衣宽大的襟。

裒：póu，上衣宽大的襟。

裴：péi，长衣的样子。

褊：biǎn，衣服狭小。

袷：jiā，衣中不装铺绵絮。今多读 jiá。

袢：bàn，衣无色泽。今读作 pàn。

裥：jiǎn，衣裙上的褶子。

5. 表示与整理、穿脱衣服有关。

襄：xiāng，解衣耕地。

裨：bì，接续、补益。

裕：yù，衣物富裕。

襞：bì，折叠衣裳。

褫：chǐ，剥夺衣服。

裸：luǒ，赤身露体。

裎：chéng，裸体。

装：zhuāng，包裹装束。

裹：guǒ，缠束。

袅：niǎo，用系带系马。

褪：tùn，卸衣；另读作 tuì，减色、消退。

6. 表示其他布帛品。

被：bèi，被子。

衾：qīn，大被子。

袜：wà，穿在脚上的东西。

袱：fú，包袱。

褥：rù，坐卧的垫具。

裢：lián，褡裢。

褾：biǎo，妇女的领巾。

褡：dā，小被。

特殊字例

"哀"是形声字，"口"作形旁，"衣"作声旁，与衣的意义无关。

哀：āi，悲痛、怜悯。

第六章　工具类

部首	起源物象	象形文字	孳乳字例《说文解字》该部所辖	孳乳字例《新华字典》检字表该部所辖	特殊字例
刀（刂）			削剀剖利剫初前则刚刽切剡刻副剖辨判刭列刊删劈剥割划剂刷刮劘刖钊制罚劋刑到券刺剔刎剜剧刹	刃分创刘别刨剑剃剪剩剿刈刹尅刚劂劓	召到荆
弓			弭弧张弯引弘弥弛弩弹	弗弦弱彊粥彀	弟强粥鬻
戈			戎戟戛贼成战戏或截戳戕戮戠戡武戢	戊戌成划戒我咸威戚戗戬	哉盏栽载裁惑盛戴或臧幾
斤			斧斫所斯断新	斩	斥欣颀
㫃（方）			旗旆旌旃施旖游旋旄旅族	旎旐	
车			轩辐轻舆辑轼辂轭轸轴轫毂辊辐辕轵载军辖转输辈轧轨轶辍轲轮辇斩辅轰辚辙	软轿较辆辗轱铲轻辋辏辘辔	晕辉
舟			船舻舫般舸艇	舰舱航舶舵艘舢舴舷艄艋艟艨	盘

一、刀（刂）部

字形演变

【刀 dāo】

丩 甲　丂 金　丂 篆　刀 隶　刀 楷

部首解析

《说文解字·刀部》："刀，兵也。象形。凡刀之属皆从刀。"（译文：刀，兵器。象形字。大凡刀的部属字都跟刀的意义相关。）

古文字"刀"像有柄锐器形。本义指古代的一种单面长刃的兵器。泛指切割砍削工具，也指古代像刀的钱币。古代多用刀裁纸，故刀还做量词，一刀为一百张纸。现代汉字中，"刀"组字时常在字的右边，写作"刂"，称"立刀"；在字的中间时，写作"刈"，称"刀中"。"刀"作意符组构的字，大多与兵器、刀的性能、杀戮、刑罚等相关。

归类识字

1.表示兵器及构件。

削：xuē，装刀剑的套子；另义，分割。
剀：ái，大镰；另义，磨刀。今读作 kǎi。
剞：jī，刻镂的刀具、弯刀。
刃：rèn，刀的坚利部分。
剑：jiàn，人们佩戴的兵器。

2.表示刀的性能。

利：lì，锋利。
剡：yǎn，锐利。
初：chū，裁制衣服的起始。
剪：jiǎn，整齐地剪断；今假借为前方的"前"。
则：zé，准则、法则。
刚：gāng，强力折断。
刿：guì，砍断。
切：qiē，切断。
刿：guì，刺伤。
刻：kè，雕刻。
副：pì，剖分。今读作 fù。
剖：pōu，从中间分开。
辨：biàn，判别。
判：pàn，分开。
刳：kū，剖开。
列：liè，分解。
刊：kān，削。
删：shān，删削。
劈：pī，破开；另读作 pǐ。
剥：bō，割裂；另读作 bāo。
割：gē，割裂。
划：huá，锥刀的尖划破物体。
剂：jì，剪齐。
刷：shuā，刮削。
刮：guā，刮摩。
剽：piào，用石针刺病。今读作 piāo。
刖：yuè，断足。
钊：zhāo，削磨棱角。
制：zhì，裁断。
剜：wān，用刀刻镂挖掘。
剧：jù，用力过猛。
刹：chà，佛塔上的柱子。
分：fēn，以刀剖物，使之分开。

别：bié，分解。
刨：páo，削；另读作 bào，刨子。
剪：jiǎn，用剪刀铰断。
剩：shèng，剩余、余下。
刈：yì，割草。
剁：duò，砍。
㓟：kuǎi，㓟草。
劁：qiāo，断。

3.表示杀戮、刑罚。
罚：fá，轻微的犯法行为。
劓：yì，割掉鼻子。
刑：xíng，用刀割颈。
刭：jǐng，用刀割颈。
券：quàn，契据。
刺：cì，君主杀死大夫。
剔：tī，分解骨肉。今读作 tī。
刎：wěn，用刀割颈。
创：chuāng，创伤；另读作 chuàng。
刘：liú，杀戮。
剃：tì，剃发。
剐：guǎ，割肉离骨。
剿：jiǎo，讨伐、消灭；另读作 chāo。
剋：kè，得胜；另读作 kēi。

特殊字例

1."荆"中的"刂"为其声旁"刑"的部件，在字中没有独立意义。
荆：jīng，一种灌木。

2."召、到"中的"刀（刂）"在字中作声旁，表示读音。
召：zhào，呼唤。
到：dào，到达、抵达。

二、弓部

字形演变

【弓 gōng】

甲 金 篆 隶 楷

部首解析

《说文解字·弓部》："弓，以近穷远。象形。古者挥作弓。《周礼》六弓：王弓、弧弓以射甲革甚质；夹弓、庾弓以射干侯鸟兽；唐弓、大弓以授学射者。凡弓之属皆从弓。"（译文：弓，从近射击远方的武器。象形字，古时候，名叫挥的人制作了弓。《周礼》上说的六弓是：王弓、弧弓用来射击铠甲或砍削用的垫板做成的靶子；夹弓、庾弓用来射击胡地野狗皮或其他鸟兽皮做的靶子；唐弓、大弓用来授与学习射箭的人。大凡弓的部属字都跟弓的意义相关。）

古文字"弓"像弓的形状。本义指射箭的武器。引申为弯曲、向下等义。传说古代一个名叫挥的人创制了弓。"弓"作意符组构的字，大多与弓的种类、组成部分及射箭相关。

归类识字

1.表示弓的种类及组成部分。
弭：mǐ，用骨角镶嵌的弓。

弧：hú，木弓。
弩：nǔ，弓上的柄。
弦：xián，弓弦。
弱：ruò，曲木。

2.表示拉弓射箭的状态。

张：zhāng，把弦绷在弓上。
弯：wān，拉弓。
引：yǐn，拉开弓。
弘：hóng，弓声。
弭：xǐ，放松弓弦。今读作mǐ。
弛：chí，弓弦松懈。
彀：gòu，张满弓弩。
弹：dàn，使丸疾行。
弼：bì，辅正、重复。
弗：fú，矫枉。
疆：jiāng，界限、边界。

特殊字例

1."弟、粥、鬻"中的"弓"是由其他物形演变而来，与弓的意义无关。

弟：dì，次第；假借为兄弟的"弟"。
粥：zhōu，稀饭。
鬻：yù，粥。

2.小篆"强"是形声字，"虫"作形旁，"弘"作声旁，其中的"弓"是声旁的部件，与弓的意义无关。"彊"也是形声字，"弓"作形旁，"畺"作声旁，本义指弓有力。后以"强"代"彊"，并承担其意义。

强：qiáng，米中小虫。今作"彊"的正体字。

三、戈部

字形演变

【戈 gē】

甲　金　篆　隶　楷

部首解析

《说文解字·戈部》："戈，平头戟也。从弋，一横之。象形。凡戈之属皆从戈。"（译文：戈，没有向上尖刃的戟类兵器。由弋字、由一横贯在弋上会意。像戈的形状。大凡戈的部属字都跟戈的意义相关。）

古文字"戈"像兵器形，中为柄，上长横左侧为刃，右下垂部分为饰物，下部为可插入地下的金属套。本义为上无尖刃的戟类兵器。引申为战乱、战争等义。"戈"作意符组构的字，大多与兵器、战争、杀戮等相关。

归类识字

1.表示兵器。

戎：róng，兵器。
戟：jǐ，横刃像枝条斜出的兵器。
戛：jiá，戟。
戚：qī，钺类的斧头。
我：wǒ，戈类武器；假借为自己。
戊：wù，钺类武器；假借为天干的第

五位。

戌：xū，宽刃兵器；假借为地支的第十一位。

戥：děng，戥子。

2.表示与战争、杀戮相关。

贼：zéi，伤害。

戍：shù，防守边疆。

战：zhàn，战斗。

戏：xì，三军的偏帅。

或：yù，邦国；今读作 huò。

截：jié，断绝、切断。

戕：qiāng，残害。

戮：lù，杀辱。

戡：kān，刺。

戬：jiǎn，剪灭。

武：wǔ，征伐。

戢：jí，聚藏兵器。

成：chéng，完成、成就。

划：huá，锥刀的尖划破物体。

咸：xián，灭绝；假借作全、都。

威：wēi，丈夫的母亲；引申指森严。

戒：jiè，警戒、戒备。

戳：chuō，用枪刺击。

戗：qiāng，受伤；另读作 qiàng，填。

特殊字例

1."哉、栽、裁、载、戴"中的"戈"为偏旁（声旁）"𢦏"（zāi）的部件，在字中没有独立意义。

哉：zāi，语气词。

栽：zāi，筑墙立板。

裁：cái，裁剪衣服。

载：zài，乘坐。

戴：dài，头上戴。

2."惑、盛、彧、畿"中的"戈"分别为它们的声旁"或、成、或、幾（省

形）"的部件，在字中没有独立意义。

惑：huò，迷乱。

盛：chéng，放在器皿里用以祭祀的黍稷。

彧：yù，有文采。

畿：jī，国都四周的广大地区。

3."盏"中的"戈"为偏旁（声旁）"戋"的部件，在字中没有独立意义。

盏：zhǎn，浅而小的杯子。

4."臧"中的"戈"为偏旁（声旁）"戕"的部件，在字中没有独立意义。

臧：zāng，善、好。

四、斤部

字形演变

【斤 jīn】

𣂑甲　斤金　斤篆　斤隶　斤楷

部首解析

《说文解字·斤部》："斤，斫木也。象形。凡斤之属皆从斤。"（译文：斤，砍削木头的横刃小斧。象形字。大凡斤的部属字都跟斤的意义相关。）

古文字"斤"像斧形，上是横刃，下为曲柄。本义指锛斧。"斤"是"斧"的本字。引申指兵器或工具。假借作重量单位。"斤"作意符构成的字，大多与斧头、

砍伐等相关。

归类识字

表示斧头、砍伐。

斧：fǔ，砍东西用的纵刃大斧。
斫：zhuó，砍击。
所：suǒ，砍伐树木的声音；假借为处所。
斯：sī，劈开；假借为这个。
断：duàn，截断。
新：xīn，砍取树木；假借为新的。
斩：zhǎn，砍断。

特殊字例

1. "斥"中的"斤"是由其他字（物）形演变而来，与斤的意义无关。

斥：chì，驱逐。

2. "颀、欣"中的"斤"在字中作声旁，表示读音。

颀：qí，头俊美。
欣：xīn，喜悦。

五、㫃（方）部

字形演变

【㫃 yǎn】

部首解析

《说文解字·㫃部》："㫃，旌旗之游，㫃蹇之皃。从中，曲而下，垂，㫃，相出入也。读若偃。古人名㫃、字子游。凡㫃之属皆从㫃。"（译文：㫃，旌旗的飘带，随风飘舞的样子。从中，弯曲而下伸，表示旗杆；右边下垂的飘带，像随风一出一入。读音像"偃"字。古人名叫㫃，字就叫子游。大凡㫃的部属字都跟㫃的意义相关。）

甲骨文、金文"㫃"像旌旗飘扬之形。本义为飘扬的旗帜。现代汉字中，"㫃"作偏旁时多写作"方"。按照汉字部首归部规范，现代字典将其组构的字列入"方"部，故现代字典"方"部的字多数为"㫃"部字。"㫃"作意符组构的字，大多与旗帜的名称、状态及战争相关。

归类识字

1. 表示旗帜名称及旗饰。

旗：qí，画有熊的旗帜。
旆：pèi，旗饰。
旌：jīng，旌旗。
旃：zhān，弯曲着旗柄的旗帜。
游：yóu，旌旗的飘带。
旄：máo，用牦牛尾装饰旗杆顶的旗。
旒：liú，旌旗下边悬垂的饰物。

2. 表示旗帜的状态。

施：shī，旗帜飘动的样子。
旖：yǐ，旗帜随风旖旎。
旋：xuán，人随着旗帜而旋转。
旎：nǐ，旌旗随风飘扬的样子。

3. 表示与战争相关。

旅：lǚ，军队的五百人的单位叫作旅。
族：zú，箭头。

六、车部

字形演变

【车 chē】

甲 金 车篆
车隶 車楷1 车楷2

部首解析

《说文解字·车部》："车，舆轮之总名。夏后时奚仲所造。象形。凡车之属皆从车。"（译文：车，车厢、车轮等部件汇成一个整体，其总称叫车。是夏后时代名叫奚仲的人制造的。象形字。大凡车的部属字都跟车的意义相关。）

甲骨文、金文"车"模拟一辆轮、轴、辕、轭、衡俱全的车形；籀文由两车、两戈组合会意，表示战车；小篆字形由车轮形演变为表意文字。本义指陆地上行走的有轮交通工具。引申指自行车、摩托车、汽车等交通工具。车表示战车义时读作 jū，如象棋里的车。现代汉字中，"車"据草书字形简化为"车"，其作部首时称车部，组字时多在字的左边，写作"车"（下横变提），称"车字旁"；在字下时称"车字底"。"车"作意符组构的字，大多与车的名称、构件及其用途相关。

归类识字

1.表示车的名称。

轩：xuān，曲辕而箱后有围蔽的车。

辎：zī，前有帷幕遮蔽、后有门窗的车。

轻：qīng，轻车。

辇：niǎn，人挽的车。

轳：lú，辘轳。

轿：jiào，小车。

辂：lù，缫丝车。

2.表示车的构件。

舆：yú，车厢。

辑：jí，车必汇合众多材料，集中众多工匠方可造成。

轼：shì，车厢前面供立乘者凭扶的横木。

辂：lù，绑车辕上供人牵挽的横木。

较：jiào，车厢两旁倚板上弯曲的铜钩。

辄：zhé，车厢左右可以凭倚的木板。

轸：zhěn，车后部的栏木。

轴：zhóu，贯持着车轮的柱形长杆。

轫：rèn，阻碍车轮转动的木头。

毂：gǔ，车辐汇集的部位。

辊：gǔn，车毂正圆匀整的样子。

辐：fú，车轮中连接车毂和车辋的直木条。

辕：yuán，大车上成对的直辕。

轭：è，车辕前端扼压在牛马脖子上的横木。

辖：xiá，车声。另一义说，横穿车轴末端控制车毂的插栓。

轮：lún，有车辐的叫轮。

辅：fǔ，车旁横木。

轱：gū，车轮。

辋：wǎng，车轮周围的框子。
辏：còu，车轮上的辐条集中于毂上。

3.表示与车的用途相关。
载：zài，乘坐。
军：jūn，包围；四千人为一军。
转：zhuàn，用车运输。另读作zhuǎn。
输：shū，用车转运。
辈：bèi，军队发车一百辆。
轧：yà，车碾压。
辗：niǎn，用车轮碾压；今读作zhǎn，辗转。
轨：guǐ，车迹。
轶：yì，后车超出前车。
轾：zhì，车前因重而低。
辍：chuò，车队行进，稍稍间断而又连续起来。
轲：kě，接轴车。今读作kē。
斩：zhǎn，砍断。
软：ruǎn，丧车。
轰：hōng，成群的车辆行进的声音。
辚：lín，车声。
辙：zhé，车轮压的痕迹。
辆：liàng，车辆。
辔：pèi，驾驭牲口的嚼子和缰绳。

特殊字例

"晕、辉"是形声字，"日、光"作形旁，"军"作它们的声旁。其中"车"是声旁的部件，在字中没有独立意义。

晕：yùn，日月周围形成光圈。
辉：huī，光辉。

七、舟部

字形演变

【舟 zhōu】

甲 金 篆 隶 楷

部首解析

《说文解字·舟部》："舟，船也。古者，共鼓、货狄，刳木为舟，剡木为楫，以济不通。象形。凡舟之属皆从舟。"（译文：舟，船。古时候，共鼓、货狄两人，把木挖空作船，把木削作桨，来渡过不能通过的水流。像船的形状。大凡舟的部属字都跟舟的意义相关。）

古文字"舟"像船形，两边像船帮，中间横线代表船头和船尾。本义是船。先秦多用"舟"，汉代以后多用"船"。据传，黄帝时代的共鼓、货狄两位智者，刳（kū，从中间破开再挖空）木为舟，剡（yǎn，削）木为楫，以渡过汹涌的大河。现代汉字中，"舟"组字时常在左边，写作"舟"（中横右边不出头）。"舟"作意符组构的字，大多与船的种类及构成相关。

归类识字

1.表示船的种类。
船：chuán，舟。
舻：lú，船头。

舫：fǎng，船师。

舸：gě，大船。

艇：tǐng，小舟。

艘：sōu，船的总称。

航：háng，船。

舰：jiàn，御敌船。

舶：bó，海中大船。

舢：shān，用桨划的小船，亦称舢板。

舴：zé，舴艋，小船。

艋：měng，舴艋。

艨：méng，艨艟，战船。

艟：chōng，艨艟。

2.表示与船的构成相关。

般：bān，盘旋。今读作 pán。

舱：cāng，船舱。

舵：duò，船尾用以控制行向的装置。

舷：xián，船舷。

艄：shāo，船尾。

特殊字例

"盘"是"盤"的简化字。"盤"是形声字，"皿"作形旁，"般"作声旁。其中的"舟"为"般"省形而来，与舟的意义无关。

盘：pán，盘子。

第七章　器物类

部首	起源物象	象形文字	孳乳字例 《说文解字》该部所辖	孳乳字例 《新华字典》检字表该部所辖	特殊字例
皿			盂盛盎盆盉益盈盅盟	盏监盔盘盒盗盟盉盅	孟盐盖
酉			酒酿酝醴醪醇酤酷配酌醮酗醋酣醅醉醺酏酸酢酱醢酹酪醐酩酊醒醍	酥酵酉酐酞酚酡酮酰酯酽酶醌酲醚醯	
玉（王）			瓘璠玙瑾瑜琼璇珣璐瓒瑛球琳璧瑷环璜琮琥珑琬璋琰玠瑁珩玦瑞珥琫璪莹瑕琢理珍玩玲玎琤琐琚玖瑰碧琨珉瑶珠玼珧玫瑰玑琅玕珊瑚琉珈璩琛珰珂璀璨瑄琪	全玛现玷玻班瑙璃玮玡玢玥珏珐玳珀珞珲玺琪琦琯璈瑭璎璞璟璘璺	主闰皇望琴瑟琵琶
贝			贿财货资赈贤贲贺贡赞赍贷赂赠赣赏赐赢赖负贮贰赊贳赘质贸赎费责贾贩贱赋贪贬贫赁赇购贵觊赌贴贻赚赛赗赠赡	败账贯赃赅赔贽赓赕赜赟	贞则员贼赜

续表

部首	起源物象	象形文字	孳乳字例 《说文解字》该部所辖	孳乳字例 《新华字典》检字表该部所辖	特殊字例
网（罒）			罨罩罪𦋐罟罗署罢置罝罹	罚罘罡罱羁罾	蜀罴蠲
金（钅）			银镣鎏铅锡铜链铁锴镂铣鉴铸销铄钉锏镶铗锻铤镜钟镬鏊锉镐铫键铉锭镫铲错铝锜锚铍铩钮錾镌钱镢锹铃铍锄镰锲镇钻镊钳锯锥镶锐镘铨铢辎锤钧钯镯铃钲铙铎镛钫铮镗镡镖铊锋镦镠镝铠铜銮钺衔镳钓镊铛铺钞铬镞镏锑钝铭锁铷钏钗	针钙钠钢钥钩钾铐铝锅锈锌锚锣锰镀镑钇钊钉钍钎钒钕怀钛钡钣钨钰钴钵钕钼钽钿铂铆铈铋铌釜铑铒铟铡铧铪艳铰铱铳铵铷铼铿铿锂锆锇锔锕鎏锗锑锝锞锟锨锩锶锷锵镁銮镉镍镒镓镔镥锗镧镩镪鍪镭鎏镲麈镵鐾鑫	钦锦
示（礻）			祜礼禧禄祯祥祉福祺祇神祇祭祀祖祠祝祓祈祷禳禅社祸祟禁祢祚	视袆祛祾禊	奈票禀佘祁柰

一、皿部

字形演变

【皿 mǐn】

甲　金　篆　隶　楷

部首解析

《说文解字·皿部》："皿，饭食之用器也。象形。与豆同意。凡皿之属皆从皿。读若猛。"（译文：皿，盛饭食的用器。象形字。与豆字构形相似。大凡皿的部属字都跟皿的意义相关。读音像"猛"字。）

古文字"皿"像器皿形，上部像外展的口沿，下部像底座。本义指盛饭食的器具。后泛指碗、碟、杯、盘一类的饮食器皿。"皿"作意符组构的字，大多与器皿名称及其用途相关。

归类识字

1.表示器皿名称。

盂：yú，盛饭的器皿。

盎：àng，盆类器皿。

盆：pén，盎类器皿。

盏：zhǎn，浅而小的杯子。

盘：pán，盘子。

盒：hé，底盖相合的盛器。

盔：kuī，盂器。

2.表示与器皿的用途相关。

盛：chéng，放在器皿里用以祭祀的黍稷。

盉：hé，调味、器具。

益：yì，富饶有余。

盈：yíng，贮满器皿。

盅：zhōng，器皿空虚。

盥：guàn，洗手。

监：jiān，照视、照影。

盗：dào，盗窃。

盟：méng，在神前发誓结盟。

盍：gài，覆盖；今读作 hé，何不。

蛊：gǔ，蛊虫。

特殊字例

1."孟"是形声字，"子"作形旁，"皿"作声旁，与皿的意义无关。

孟：mèng，同辈中年事大的。

2."盐(鹽)、盖(蓋)"中的"皿"为偏旁（声旁）"监、盍"的部件，在字中没有独立意义。

盐：yán，食盐。

盖：gài，用芦苇或茅草编成的覆盖物。

二、酉部

字形演变

【酉 yǒu】

甲 金 篆 隶 楷

部首解析

《说文解字·酉部》："酉，就也。八月，黍成，可为酎酒。象古文酉之形。凡酉之属皆从酉。"（译文：酉，成熟。代表八月，这时黍成熟，可以酿制醇酒。像古文酉的样子。大凡酉的部属字都跟酉的意义相关。）

古文字"酉"像酒坛形。本义为盛酒的器具。"酉"是"酒"的本字。酉假借为地支的第十位，用来纪年、月、时。酉年指鸡年，酉月指八月，酉时指十七时至十九时。"酉"作意符组构的字，大多与酿酒、饮酒及酿制的食品等相关。

归类识字

1.表示与酿酒相关。

酒：jiǔ，迁就，是用来助长人性的善良和丑恶的饮料。

酿：niàng，造酒。

酝：yùn，酿酒。

醴：lǐ，酿一夜成熟的酒。

醪：láo，汁和渣相混合的酒。

醇：chún，不浇水的纯酒。

酤：gū，一夜酿成的酒；另一义为买酒。

酷：kù，酒的浓厚的味道。

配：pèi，酒的颜色。

醍：tí，清酒。

酋：qiú，久酿的酒。

酵：jiào，酒母。

酶：méi，酒母。

2.表示与饮酒相关。

酌：zhuó，盛酒在觯中劝人喝酒。

醮：jiào，行冠礼、婚礼的一种礼节。另一义，祭祀。

酬：chóu，主人向客人劝酒。

酢：zuó，客用酒回敬主人；今读作 cù，用酒或酒糟发酵制成的一种酸味调料。

酣：hān，因喝酒而快乐尽兴。

醅：pēi，又醉又饱。

醉：zuì，尽量。使其酒量满尽，而不到达昏乱的地步。另一义，溃乱。

醺：xūn，喝酒尽量而酒气熏熏。

酗：xù，沉醉在酗酒上。

酹：lèi，把酒挥洒在地上祭奠。

酩：mǐng，酩酊，大醉。

酊：dǐng，酩酊。

醒：xǐng，酒醒。

酐：hàng，苦酒；今读作 gān。

酡：tuó，饮酒后脸色变红。

酮：tóng，酒坏。

酽：yàn，酒味厚。

醛：quán，酒味变。

醚：mí，醉。

3.表示酿制的食品。

酸：suān，醋。

酢：cù，醋。今读作 zuò。

酱：jiàng，肉酱。

醢：hǎi，肉酱。

酥：sū，酪类；由牛羊乳制成。

酪：lào，乳浆。

醐：hú，醍醐。

醯：xī，醋。

4.表示化合物。

酚：fēn，有机化合物的一类。

酞：tài，有机化合物的一类。

酯：zhǐ，有机化合物的一类。
酰：xiān，有机化合物的一类。
醌：kūn，有机化合物的一类。

三、玉（王）部

字形演变

【玉 yù】

甲 王 金 王 篆 玉 隶 玉 楷

部首解析

《说文解字·玉部》："玉，石之美。有五德：润泽以温，仁之方也；䚡理自外，可以知中，义之方也；其声舒扬，专以远闻，智之方也；不桡而折，勇之方也；锐廉而不技，絜之方也。象三玉之连。丨，其贯也。凡玉之属皆从玉。"（译文：玉，美好的石头。它有五种美德：润泽而又温和，是仁人的比方；䚡理，从外可知内，是义士的比方；它的声音舒展飞扬，传播而远闻，是智士的比方；它决不弯曲，宁肯折断，是勇士的比方；它锋利而不伤害别人，是廉洁之士的比方。像三块玉的连接。中间的竖，是那穿玉的绳索。大凡玉的部属字都跟玉的意义相关。）

古文字"玉"像绳子串着玉块形，玉块或三、或四、或五，后规范为三。本义是温润而有光泽的美石。古人以玉为宝，既用于祭祀，也用于佩戴。由玉的性质和功用，引申指美德、美好、纯洁等义。古文字"玉"与"王"的区别在于，"玉"中间一横居中，"王"字一横靠上；楷书在"玉"下加点以示与"王"区别。"王（玉）"作为部首称王部或玉部，作偏旁时多写为"𤣩"，称"斜玉旁"。"玉"作意符组构的字，大多与玉名、玉的特性及玉器、礼器等相关。

归类识字

1.表示玉名。

瓘：guàn，玉名。
璠：fán，玙璠，鲁地出产的宝玉。
玙：yú，玙璠。
瑾：jǐn，瑾瑜，美玉。
瑜：yú，瑾瑜，美玉。
琼：qióng，赤色玉。
珣：xún，医无闾山出产的玉石。
璐：lù，玉名。
瓒：zàn，三分是玉，二分是石头的玉石。
琳：lín，美玉。
玖：jiǔ，次于玉的黑色的美石。
璁：cōng，像玉的石头。
碧：bì，青色又美丽的石头。
琨：kūn，美丽的石头。
珉：mín，美丽的石头。
瑶：yáo，美玉。
珂：kē，玉。
玛：mǎ，玛瑙。
瑙：nǎo，玛瑙。
玮：wěi，玉名。
玢：bīn，玉名。
珲：hún，美玉。
琪：qí，美玉的一种。

琦：qí，玉名。

瑭：táng，玉名。

璇：xuán，玉名。

璞：pú，蕴藏有玉的石头。

2.表示玉的特性。

瑛：yīng，玉石的光彩。

球：qiú，玉石撞击之声。

琰：yǎn，玉璧发出美丽的色彩。

莹：yíng，玉色光明。

瑕：xiá，玉石上有小赤色。

玲：líng，玉相撞击声。

玎：dīng，玉相撞击声。

琤：chēng，玉相撞击声。

琐：suǒ，玉相撞击声。

璀：cuǐ，璀璨。

璨：càn，玉光。

全：quán，纯色玉。

现：xiàn，玉光。

玷：diàn，白玉上面的斑点。

璟：jǐng，玉色光彩。

璘：lín，玉色光彩。

3.表示与玉器、礼器相关。

璧：bì，用作印信凭证的玉，是平圆而正中有孔的玉。

瑗：yuàn，可以容手的大孔的玉璧。

环：huán，玉璧类。边宽与璧孔的直径相等，叫作环。

璜：huáng，像半边璧的玉器。

琮：cóng，用作符信的玉器。

琥：hǔ，用作发兵凭证的玉器，刻有老虎的花纹。

珑：lóng，为驱除旱灾向神明祈祷而使用的玉器，上面刻有龙的花纹。

琬：wǎn，玉圭中上端圆的一种。

璋：zhāng，玉器上端削尖的是圭，圭折为半就是璋。

玠：jiè，大圭。

瑁：mào，古代帝王所执的玉器，用以覆盖诸侯的圭。

珩：héng，一组玉佩中横在最上面的玉器，是用来节制佩玉者行步的。

玦：jué，环形而又有缺口的佩玉。

瑞：ruì，用玉制成的信物。

珥：ěr，耳环。

琫：běng，佩刀刀鞘上的装饰品。

璪：zǎo，一种玉制的装饰品，上面雕刻着像水藻一样的花纹。

琢：zhuó，治理玉石。

理：lǐ，治理玉石。

珍：zhēn，玉石之类的宝物。

玩：wán，捧玉玩弄。

琚：jū，琼琚。

珈：jiā，妇女头发簪子上所加的装饰物。

璖：qú，耳环之类。

珰：dāng，华美的装饰品。

瑄：xuān，六寸大的玉璧。

珙：gǒng，大璧。

珏：jué，两串玉并合起来就是一珏。

班：bān，将瑞玉中分为二。

琯：guǎn，以玉制成的管乐器。

玺：xǐ，帝王的印玺。

珞：luò，璎珞。

璈：áo，古代乐器。

璎：yīng，璎珞。

璺：wèn，玉器破裂。

4.表示与珠类宝物相关。

珠：zhū，蚌壳里头的珍珠。

玭：pín，一种珠子。

玫：méi，用火炼成的珠子，就是玫瑰。

瑰：guī，玫瑰。

玑：jī，珠玉不圆。

琅：láng，琅玕，像圆珠的玉石。

玕：gān，琅玕。

琛：chēn，珍宝。

玥：yuè，神珠。

琉：liú，琉璃珠。

5.表示与玉石相似的其他事物。

珧：yáo，蚌类的甲壳。

珊：shān，珊瑚。

瑚：hú，珊瑚。

玻：bō，玻璃。

璃：lí，玻璃、琉璃。

玡：yà，似玉的骨。

珐：fà，涂料。

玳：dài，玳瑁。

珀：pò，琥珀。

特殊字例

1."主、望"中的"王"是其他字（物）形讹变而成，与玉的意义无关。

主：zhǔ，灯心。

望：wàng，远望。

2."闰、皇"中的"王"在字中作意符，不是"玉"的变形。

闰：rùn，闰月。

皇：huáng，大。

3."琴、瑟、琵、琶"的"王"是偏旁（意符）"珡"的部件，在字中没有独立意义。

琴：qín，弦乐器。

瑟：sè，古代拨弦乐器。

琵：pí，琵琶，弦乐器。

琶：pá，横抱或竖抱弹拨的弦鸣乐器。

四、贝部

字形演变

【贝 bèi】

贝 甲　贝 金　贝 篆

贝 隶　贝 楷1　贝 楷2

部首解析

《说文解字·贝部》："贝，海介虫也。居陆名猋，在水名蜬。象形。古者货贝而宝龟，周而有泉，至秦废贝行钱。凡贝之属皆从贝。"（译文：贝，海中有甲壳的软体动物。在陆上叫猋，在水中叫蜬。象形字。古时候，以贝壳为财富，以龟甲为珍宝。周朝币制有泉而不发贝，到了秦朝时，废除贝而通行钱。大凡贝的部属字都跟贝的意义相关。）

甲骨文、金文"贝"像海贝形。本义是水中介壳软体动物的统称。商周时曾以贝壳作货币，后来发展成以其他材质做的贝形货币。贝又作装饰品。现代汉字中"贝"依草书字形简化为"贝"。"贝"作意符组构的字，大多与财物、赠礼、交易、赋税等相关。

归类识字

1.表示与财物相关。

贿：huì，财物。
财：cái，人们所宝贵的东西。
货：huò，财物。
资：zī，财物。
赈：zhèn，富裕。
贤：xián，多财。
贲：bì，文饰。

2.表示与赠礼相关。

贺：hè，把礼物奉献给人，向人庆祝。
贡：gòng，进献。
赞：zàn，进见。
赍：jī，携带礼物送给别人。
贷：dài，施给。
赂：lù，赠送财物。
赠：zèng，用玩好之物相送。
赣：gòng，赐予。今读作 gàn。
赏：shǎng，奖赐有功的人。
赐：cì，给予。
贶：kuàng，赐予。
贻：yí，赠送。
赛：sài，回报祭祀神灵。
赙：fù，补助。
赡：shàn，自足。
贽：zhì，古时初次求见人时所送的礼物。
赅：gāi，赡。

3.表示与交易、赋税相关。

赢：yíng，有余；做买卖获利。
赖：lài，赢利。
负：fù，凭恃。
贮：zhù，积藏。
贰：èr，增益。
赊：shē，用亏欠的方式买物。

贳：shè，赊借；今读 shì。
赘：zhuì，用物抵押钱。
质：zhì，用物相抵押。
贸：mào，交换财物。
赎：shú，用财物换回抵押品。
费：fèi，散去钱财。
责：zé，索求债务。
贾：gǔ，做买卖；另读作 jiǎ，姓。
贩：fàn，低价购进，高价卖出的商人。
贱：jiàn，价格低少。
赋：fù，征敛。
贪：tān，想要得到非分的财物。
贬：biǎn，减损。
贫：pín，财物因分散而少。
赁：lìn，受雇佣。
赇：qiú，用财物违法谢罪。
购：gòu，用钱财有所征求。
贵：guì，物价高。
赌：dǔ，赌博。
贴：tiē，用物品抵押钱。
赚：zhuàn，多倍地买进。
贯：guàn，穿钱的绳子。
败：bài，毁坏。
账：zhàng，账目。
赃：zāng，赃物。
赔：péi，补偿。
赓：gēng，连续。
赕：dǎn，以财物赎罪。
赝：yàn，假的、伪造的。
赟：yūn，美好。

特殊字例

1."贞、则、员"中的"贝"是由鼎形讹变而来的，与贝的意义无关。

贞：zhēn，占卜。

则：zé，准则、法则。
员：yuán，物的数量。

2. "贼、赜"中的"贝"分别为它们的声旁"则、责"的部件，在字中没有独立意义。

贼：zéi，伤害。
赜：zé，深奥、玄妙。

五、网（罒）部

字形演变

【网 wǎng】

甲　金　古　籀　篆
或　或　隶　楷

部首解析

《说文解字·网部》："网，庖牺所结绳以渔。从冂，下象网交文。凡网之属皆从网。䍏，网或，从亡。䋞，网或，从糸。㓁，古文网。𠕲，籀文网。"（译文：网，庖牺氏结绳编织用以捕鱼的工具。从冂，表示蒙覆；下面的交叉线，像绳网交织的花纹。大凡网的部属字都跟网的意义相关。䍏，网的或体，从亡。䋞，网的或体，从糸。㓁，网的古文。𠕲，网的籀文）

甲骨文、金文"网"像双手撒网形，《说文》或体字形去"手"加"亡"表声，籀文、小篆字形像网形。本义指用绳线编织的捕鱼工具。相传庖牺氏结绳制网，教会人们捕鱼。引申指捕鸟兽的网状工具；又引申指像网一样的事物，如球网、电网等。现代汉字中，"网"作偏旁组字时常在字的上方，写作"罒"，称"罗字头"。"网"作意符构组的字，大多与网的种类、捕捉相关。

归类识字

1. 表示网的种类。

罨：yǎn，从上掩覆而捕取的网。
罩：zhào，捕鱼的竹笼。
罾：zēng，鱼网。
罪：zuì，捕鱼的竹网。假借为犯罪的"罪"。
罽：jì，鱼网。
罟：gǔ，网罟。
罘：fú，捕兔网。
羁：jī，马笼头。
䍖：gāng，天䍖。
罱：lǎn，一种捕鱼器具。

2. 表示与捕捉相关。

罗：luó，用丝网络缚鸟。
署：shǔ，部署。
罢：bà，放遣有罪的人。
置：zhì，赦免。
詈：lì，责骂。
罹：lí，心里担忧。
罚：fá，轻微的犯法行为。

特殊字例

1. "蜀、蠲"中的"罒"是由其他字（物）形演变而来的，与网的意义无关。

蜀：shǔ，蛾蝶类的幼虫。
蠲：juān，虫名。

2. "罴（羆）"中的"四"为其声旁"罷（省形）"的部件，在字中没有独立意义。

罴：pí，一种熊。

六、金（钅）部

字形演变

【金 jīn】

金1　金2　金篆　金隶　金楷

部首解析

《说文解字·金部》："金，五色金也。黄为之长。久薶不生衣，百炼不轻，从革不违。西方之行。生于土，从土；左右注，象金在土中形；今声。凡金之属皆从金。"（译文：金，白、青、赤、黑、黄五色金属的总称。黄金做它们的代表。久埋在地下，不产生朽败的外层，千锤百炼，不损耗变轻，顺从人意，变更成器，不违背其本性。是代表西方的一种物质。产生在土里面，所以从土；土字左右两笔，像金属块状物在土中的样子。今表声。大凡金的部属字都跟金的意义相关。）

古文字"金"上像熔器盖，下像坩埚，小点像金属块或原料，反映了古代冶炼场景。本义指赤金，即青铜。泛指金属。又指金色、金钱等。金为五行之一，亦作姓

氏和朝代名。现代汉字中，"金"据草书字形简化为"钅"，组字时常在左侧，称"金字旁"。"金"作意符组构的字，大多与金属的名称、冶炼、器物及性能等相关。

归类识字

1.表示金属名称。

银：yín，白色的金属。

镣：liáo，白色的金属。

鋈：wù，白色的金属。

铅：yán，青色的金属。今读作 qiān。

锡：xī，介乎银和铅之间的金属。

铜：tóng，赤色的金属。

链：lián，铜一类的金属。今读作 liàn。

铁：tiě，黑色的金属。

锴：kǎi，九江郡称铁为锴。

镂：lòu，刚硬的铁，可用来雕刻。

铣：xiǎn，最有光泽的金属。

钰：yù，珍宝；另义坚硬的金属。

钙：gài，金属元素。

钠：nà，金属元素。

钾：jiǎ，金属元素。

铝：lǔ，金属元素。

锌：xīn，金属元素。

锰：měng，金属元素。

钇：yǐ，金属元素。

钌：liǎo，金属元素。

钍：tǔ，金属元素。

钒：fán，金属元素。

钕：nǔ，金属元素。

钚：bù，金属元素。

钛：tài，金属元素。

钡：bèi，金属元素。

钨：wū，金属元素。

钴：gǔ，金属元素。

钽：tǎn，金属元素。
钼：mù，金属元素。
铀：yóu，金属元素。
铂：bó，金属元素。
铈：shì，金属元素。
铋：bì，金属元素。
铌：ní，金属元素。
铑：lǎo，金属元素。
铒：ěr，金属元素。
铟：yīn，金属元素。
铪：hā，金属元素。
铯：sè，金属元素。
铱：yī，金属元素。
铵：ǎn，金属元素。
铷：rú，金属元素。
铼：lái，金属元素。
锂：lǐ，金属元素。
锆：gào，金属元素。
锇：é，金属元素。
锕：ā，金属元素。
锗：zhě，金属元素。
锝：dé，金属元素。
锶：sī，金属元素。
镁：měi，金属元素。
镉：gé，金属元素。
镍：niè，金属元素。
镓：jiā，金属元素。
镧：lán，金属元素。
镭：léi，金属元素。

2.表示与冶炼相关。

铸：zhù，销熔金属。
销：xiāo，熔化金属。
铄：shuò，销熔金属。
钉：dīng，冶炼而成的饼状黄金。
锢：gù，熔化金属填塞空隙。
镶：xiāng，制作铸器模型里头的坯胎。

铗：jiá，夹持冶炼器物的工具。
锻：duàn，打铁。
铤：dìng，铜铁矿石。
钊：zhāo，消磨棱角。
钢：gāng，炼铁；另读作 gàng。
镑：pāng，削；今读作 bàng。
钣：bǎn，钣金。
铆：liǔ，精美金属；今读作 mǎo。
锃：zèng，磨锃出剑光。
锔：jū，用铁缚物；另读作 jú。
镀：dù，以金属附着到别的金属或物体表面。
镔：bīn，精炼的铁。
鎏：liú，成色好的黄金。
镴：là，铅和锡的合金。

3.表示金属器物。

镜：jìng，可照形影的金属。
鉴：jiàn，青铜大盆。
镬：huò，没有脚的鼎。
鍪：móu，大口锅一类。
锉：cuò，小锅。
镐：hào，暖物的器皿。
鏖：āo，暖物的器皿。
铫：yáo，暖物的器皿；另义种田的器具。
键：jiàn，贯通鼎耳的横杠。
铉：xuàn，举鼎的木杠。
锭：dìng，有足的蒸器。
镫：dēng，无足的蒸器。
铲：chǎn，金属薄片；另一义，削平物体的铁器。
铻：wú，锯。
锜：qí，锯。
锸：chā，连缀衣服周围并使衣服平直张开所用的长针。

针：zhēn，用来缝制衣服的针。

铍：pī，中医破痈的大针；另义剑像刀形的兵器。

铩：shā，铍剑有半圆形的剑鼻。

钮：niǔ，印上用以系绶带的巴鼻。

錾：zàn，小凿子。

镌：juān，穿破木头的金属器具。

钱：qián，古代种田的农具。

铃：qián，大犁；另义类似耒耜的农具。

铍：pō，两边有刃，木把，可用来割草的器具。

锄：chú，锄头。

镰：lián，镰刀。

锲：qiè，镰刀。

钳：qián，金属夹具。

锯：jù，分解木石等的金属工具。

镘：màn，铁做的泥工涂墙的工具。

钻：zuān，用来穿透物体的金属工具。

铨：quán，衡量轻重的工具。

钯：bā，兵车；今读作bǎ。另读作pá，耙。

镯：zhuó，钟状的铃。

铃：líng，有柄似小钟的乐器。

钲：zhēng，样子像钟的乐器。

铙：náo，小钲。

铎：duó，大铃。

镛：yōng，大钟。

钟：zhōng，一种打击乐器。

钫：fāng，方形酒壶。

镡：xín，剑鼻。

镖：biāo，刀鞘末端的铜饰物。

铊：shé，短矛。

锋：fēng，兵器的尖端。

镦：duì，矛戟的把柄下端铜制的平底套；另读作dūn。

镠：liú，精美的黄金。

镝：dí，箭的锋利的头部。

铠：kǎi，铠甲。

锏：jiàn，嵌在车轴、车毂间的铁；另读作jiǎn。

銮：luán，君王乘坐的车。

镳：biāo，马嚼子两旁的铁具。

锒：láng，囚禁人的锁链。

铛：dāng，锒铛。

铺：pū，附着在门扇上衔着门环的金属螺形兽面。

锑：tí，火齐珠。

锁：suǒ，铁锁、门键。

钿：tián，贵重如金片、形状如花朵的首饰；另读作diàn。

钏：chuàn，手臂手腕上的环。

钗：chāi，簪笄类的首饰。

钥：yuè，开锁或上锁的用具；另读作yào。

钩：gōu，形状弯曲的金属用品。

铐：kào，手铐、镣铐。

锅：guō，釜的俗称。

锚：máo，船停泊时所用的金属设备。

锣：luó，铜锣。

锹：qiāo，挖土或铲其他东西的器具。

钎：qiān，打凿孔眼的金属工具。

钵：bō，洗涤或盛放东西的器具。

钹：bó，铜钹。

釜：fǔ，铁锅。

铧：huá，犁铧。

铳：chòng，斧头上受柄的孔。

铰：jiǎo，铰刀。

銎：yíng，器名。

锛：bēn，平斧头。

锞：kè，古代附于腰带上的装饰品。
锟：kūn，锟铻，宝剑名。
锨：xiān，掘土和铲东西的工具。
锩：juǎn，刀剑的刃卷曲。
锷：è，刀剑的刃。
铡：zhá，铡刀。
镊：niè，镊子。
鋆：yún，金子。
镯：zhuō，刨土农具。
镚：bèng，小的硬币。
镢：jué，镢头。
镪：qiǎng，钱串。
镩：cuān，冰镩、短矛。
鏊：ào，一种铁制的烙饼的炊具。
鐾：bèi，鐾刀。
镲：chǎ，一种打击乐器。

4.表示金属的性能。

错：cuò，用金涂饰。
镇：zhèn，广泛地镇压。
锥：zhuī，锐利。
镵：chán，尖锐。
锐：ruì，锋芒。
铢：zhū，称一百粒黍的重量。
锱：zī，六铢。
锤：chuí，八铢。
钧：jūn，三十斤。
铮：zhēng，金属撞击声。
镗：tāng，撞钟击鼓的声音。
铹：huì，车铃的鸣声；今读作 yuè。
衔：xián，马嚼子含在口中。
钓：diào，用钩钓鱼。
钞：chāo，用手指突入取物。
铬：luò，剃发；今读作 gè。
镞：zú，锐利。
镏：liú，杀。
钝：dùn，不锋利。

铭：míng，刻记自己的名字。
铿：kēng，铿锵，金石声。
锵：qiāng，铿锵。
锈：xiù，金属表面所生的氧化物。
镒：yì，二十两（一说二十四两）为一镒。
鑫：xīn，兴盛、多财。

特殊字例

"钦、锦"中的"金"在字中作声旁，表示读音。

钦：qīn，打呵欠的样子。
锦：jǐn，有彩色花纹的丝织品。

七、示（礻）部

字形演变

【示 shì】

甲 金 篆 隶 楷

部首解析

《说文解字·示部》："示，天垂象，见吉凶，所以示人也。从二。三垂，日月星也。观乎天文，以察时变。示，神事也。凡示之属皆从示。"（译文：示，上天垂下天文图象，体现人事的吉凶，这些图象是用来显示给人们看的东西。从二，代表天上。三竖笔，分别代表日、月、星。人们观看天文图象，用来考察时世的变化。示，是神祇的事。大凡示的部属字都跟示的意义相关。）

甲骨文"示"像古时供奉神灵或祖先的牌位之形。本义指神主。引申指上天或物显现出来的某些征象，又引申指展示、告示、示范、指示等。现代汉字中，"示"作偏旁组字时常写作"礻"，称"示旁"。"示"作意符构成的字，大多与吉祥、祭祀、灾祸等相关。

🈯 归类识字

1.表示吉祥。

祜：hù，福。

礼：lǐ，履行，是用来祭神求福的事。

禧：xī，行礼获得吉祥。今读作 xǐ。

禄：lù，幸福。

祯：zhēn，吉祥。

祥：xiáng，幸福。

祉：zhǐ，幸福。

福：fú，降福保佑。

祺：qí，吉祥。

祇：zhī，恭敬。

祚：zuò，福。

祎：yī，美好。

祾：líng，福。

2.表示祭祀。

神：shén，天神。

祇：qí，地神。

祭：jì，祭祀鬼神。

祀：sì，祭祀不停止。

祖：zǔ，初始、宗庙。

祠：cí，春天的祭祀。

祝：zhù，祭祀时主管向神灵祷告的人。

祓：fú，拂除秽恶不祥的祭礼。

祈：qí，向神明求福。

祷：dǎo，向神祷告而祈求幸福。

禳：ráng，割裂牲畜来攘除邪恶的祭祀。

禅：shàn，祭天；另读作 chán。

社：shè，土地的神主。

祢：nǐ，奉祀亡父的宗庙；今读作 mí。

视：shì，瞻。

祛：qū，祭神以求去祸除灾。

禊：xì，古代一种驱除不祥的祭祀。

3.表示灾祸。

祸：huò，祸害，神明不给帮助。

祟：suì，鬼神给人的灾祸。

禁：jìn，有关吉凶之事的避忌。

🈯 特殊字例

1."奈、票、禀、佘、柰"中的"示"是由其他字（物）形演变而来的，与示的意义无关。

奈：nài，果木名。假借为奈何的"奈"。

票：piào，火飞。

禀：bǐng，赏赐谷物。

佘：shé，舒缓的语气。假借为姓氏。

柰：nài，果木名。

2."祁"中的"礻"在字中作声旁，表示读音；字中的"阝"是"邑"的变形，作形旁表义。

祁：qí，县名，如祁门县。

第八章　动物类

部首	起源物象	象形文字	孳乳字例		特殊字例
			《说文解字》该部所辖	《新华字典》检字表该部所辖	
牛			牡特牝犊牟牲牵牢犁犀物牺犍牦	牧忙荦牯牮犄犋犏犟	牾
羊			羔羋羯羥羸群美羌羑	羞羚善羡羧羹	差养姜着盖翔恙羰羲
马			骘驹骐骊骝骓骆骢骠驳骛骥骏骁骄验骧蓦骑驾骈骖驷驸笃骏冯骒驱驰骛骋骇骞驻驯骚骀驿腾驴驶驮	闯驼骗骡驭驽骅骒骟骠	骂
犬(犭)			狗狡狯猃猗默猝猩猥狠犷状獒狎犯猜猛倏戾独猎獠狩臭获献狂狄狻猶犹狙猴狼狐獭狷狱	哭狈狞狭狮狰狸猪猫狷猬猾猿犰犸犴狍狒狨狲狲狳猞猡猞猕猢猹猱獐獗獴獬獾	
鸟			鸾鸠鹃鸽鹭鸻鹣鹅鹤鹭鹄鸿鸳鸯鹅鹜鹞鸬鹚鸰鸥鹈鸹鹈鹧鹳鹫莺鸽鸽鹦鸪鸨鸣鹧鸪鸭	鸡鸦鸵鹊鹊鹏鹰凫鸢鸨鸥鸷鹆鸽鹁鹂鹈鹕鸽鹑鹅鹗鹏鹦	

续表

部首	起源物象	象形文字	孳乳字例 《说文解字》该部所辖	孳乳字例 《新华字典》检字表该部所辖	特殊字例
隹			雅雒雀雉雏雕鹰雍雁雇雄雌隽	难集霍隼雎翟瞿	售焦截耀雠
羽			翰翟翡翠翁翅翘翻羿翥翕翚翎翔翳翻翎	翼翌	扇耀
虫			蝮蚓蛹蚵蟯虽虺蜥蜓螾虮蛭蛴蝎强蜀蠡蝼蛄蛾蚁蛸蟥蚬蛺蚩蟄蟠蚣蝗蛔蝉蜻蛉蠓蠟蜕螯蚌蚀蛟螭虬虘蝸蚌蛎蝓蛰蚨虾蟆蛔蝛蟹蛋蝙蝠蛮闽虹蟪蜢蟋螳	茧蚂蚤蚕蚊蚪萤蚯蛀蛇蛋蛙蛛蜒蛤蜈蜂蝇蜘蜜蝶蝴蝌螃螺蟀蠕蠢虱蚤蚙虻蚜蚍蚋蚝蚧蚶蛆蚰蛊蚱蛏蚴蛳蚰蛞蜇蜊蛉蜉蜈蜇蜎蝉蜷蜿蜣蜻蝙蛭蜾蝣鳌螨蟒螈螅螳蠊螵蟑螽蟊蟛蟮蟾蠊蠹蠋蠹	融
鱼			鳎鳟鲔鲧鳜鲤鳊鲂鲢鲥鲡鳗鳢鲵鲩鲇鳜鲈鲜鳙鲫鲐鲛鲸鲤鳞鲍鲷鲅鲽鳐	鲁鲨鳄鳍鳖鱿鲀鲆鲎鲑鲏鲟鳌鲣鲥鲮鲱鲲鲳鲴鲻鲭鲵鳅鳇鳌鳓鳔鳕鳝	

一、牛部

字形演变

【牛 niú】

甲 金 篆 牛隶 牛楷

部首解析

《说文解字·牛部》:"牛,大牲也。牛,件也;件,事理也。象角头三、封、尾之形。凡牛之属皆从牛。"(译文:牛,大的牲畜。牛,也有"件"的意思;件,表示事理分析。字形像两角和头三样东西、像肩甲隆起的地方和尾巴的形状。大凡牛的部属字都跟牛的意义相关。)

古文字"牛"像牛头形,突出其角向上、向前的特点。本义指一种长角、偶蹄,可助人耕田拉车的反刍类哺乳动物。古时常用牛作祭品。现代汉字中,"牛"作偏旁时常写作"牜"(下横变提)。"牛"作意符组构的字,大多与牛的种类、性情、用途及祭祀等相关。

归类识字

1.表示与牛的种类相关。

牡:mǔ,雄性的兽类。
特:tè,没有阉割的牛,就是牛父。
牝:pìn,雌性的兽类。
犊:dú,牛子。
犀:xī,犀牛。
牦:máo,牦牛。
犍:jiān,阉割过的牛。
牤:māng,牤牛。
犖:luò,杂色的牛。
牯:gǔ,公牛。
犄:jī,牛名。
犏:piān,杂种牛。

2.表示与牛的性情、用途相关。

牟:móu,牛叫的声音。
牵:qiān,牵牛向前。
牢:láo,牢栏;畜养牛马的栏圈。
犁:lí,耕。
物:wù,万物。
牧:mù,养牛人。
牮:jiàn,斜着支撑。
犋:jù,畜力单位。
犟:jiàng,固执。

3.表示与祭祀相关。

牲:shēng,古代供祭祀用的完整的牛。
牺:xī,供宗庙祭祀用的牲畜。

特殊字例

"牾"中的"牛"由"午"讹变而来。
牾:wǔ,背逆。

二、羊部

字形演变

【羊 yáng】

羊甲　羊金　羊篆　羊隶　羊楷

部首解析

《说文解字·羊部》："羊，祥也。从丫（guāi），象头角足尾之形。孔子曰：'牛羊之字以形举也。'凡羊之属皆从羊。"（译文：羊，吉祥。从丫，羊字像头、角、足、尾的形状。孔子说："牛字、羊字根据形体描绘出来。"大凡羊的部属字都跟羊的意义相关。）

古文字"羊"像羊头貌，突出其角弯垂的特征。本义指一种长角、偶蹄、肉和乳可供食用的反刍类家畜。古人认为羊性温顺，赋予其仁、义、礼的品性，被认为是吉祥、美好的象征，故"羊"通"祥"。现代汉字中，"羊"作偏旁时常在字的左边，写作"𦍌"；在字的上方写作"𦍌"，称"美字头"。"羊"作意符组构的字，大多与羊的种类、特性及美善等相关。

归类识字

1.表示与羊的种类相关。

羔：gāo，小羊。

牂：zāng，牡羊。

羯：jié，公羊被阉割。

羥：qiān，羊名；今读作 qiǎng，羥基。

羚：líng，羚羊。

2.表示与羊的特性相关。

羸：léi，瘦弱。

群：qún，集体。

羌：qiāng，西方戎族牧羊人。

羧：zuī，毛织品；今读作 suō，羧基。

3.表示与美善相关。

美：měi，味道甜美。

羑：yǒu，引导向善美前进。

羞：xiū，进献。

善：shàn，吉祥。

羡：xiàn，羡慕。

羹：gēng，汤。

特殊字例

1."差、着、盖"中的"羊"（省形）由其他字（物）形演变而来的，与羊的意义无关。

差：chā，区别。

着：zhuó，附着。多音多义字。

盖：gài，用芦苇或茅草编成的覆盖物。

2."养（養）、姜、翔、恙"中的"羊"在字中作声旁，表示读音，与羊的意义无关。

养：yǎng，供养。

姜：jiāng，神农氏的姓氏。

翔：xiáng，回旋地飞。

恙：yàng，忧愁。

3."羰"又叫"碳氧基"，由"氧"（省形）和"碳"（省形）会意，"羊"在字中没有独立意义。

羰：tāng，羰基。

4."羲"中的"羊"（省形）为偏旁（声旁）"義"的部件，在字中没有独立意义。

羲：xī，气。

三、马部

字形演变

【马 mǎ】

甲　金　篆
隶　楷1　楷2

部首解析

《说文解字·马部》："马，怒也；武也。象马头、髦、尾、四足之形。凡马之属皆从马。"（译文：马，是昂首怒目的动物；是勇武的动物。像马的头部、鬃毛、尾巴、四只脚的样子。大凡马的部属字都跟马的意义相关。）

古文字"马"像头、鬃毛、尾和足俱全的马形。本义指一种单蹄、善奔跑，可助人乘骑驮物的哺乳动物。现代汉字中，"馬"据元代俗体字形简化为"马"，"马"作偏旁时常在字的左边，写作"马"（下横变提）。"马"作意符组构的字，大多与马的种类、奔行及用途等相关。

归类识字

1.表示马的种类。

骘：zhì，公马。
驹：jū，两岁的马。
骐：qí，青黑色、花纹像棋盘样的马。
骊：lí，深黑色的马。
骝：liú，红色马身、黑色鬃毛和尾巴的马。
骓：zhuī，青苍色与黑色杂乱相间的马。
骆：luò，白色身子、黑色鬃毛和尾巴的马。
骢：cōng，青色、白色杂乱相间的马。
骠：biāo，黄色、长着白色点状花纹的马。
驳：bó，毛色不纯的马。
骜：ào，骏马名。
骥：jì，千里马。
骏：jùn，有良好素质的马。
骁：xiāo，良马。
骄：jiāo，身高六尺的马。
验：yàn，马名。
骡：luó，以驴为父，以马为母的骡马。
驴：lǘ，像马，长长的耳朵。
驼：tuó，骆驼。
驽：nú，劣马。
骅：huá，骅骝，骏马名。
骒：kè，母马。
骟：shàn，阉割的马。

2.表示马奔行的状态。

骧：xiāng，马头时低时昂。
笃：dǔ，马行迟顿。
骎：qīn，马行走迅疾。
冯：píng，马行走迅疾；另读作 féng。
骤：zhòu，马飞速奔驰。
驱：qū，使马奔驰。
驰：chí，使马长驱。
骛：wù，马乱奔驰。
骋：chěng，径直奔驰。
骇：hài，马受惊。
骞：qiān，马腹部因热病而亏损低陷。
驻：zhù，马立定止住。

驶：shǐ，马行疾（快）。
闯：chuǎng，马出门的样子。

3.表示与马的用途相关。

蓦：mò，上马。
骑：qí，跨在马上。
驾：jià，马套在车轭之中。
骈：pián，驾两匹马。
骖：cān，驾三匹马。
驷：sì，同驾一辆车的四匹马。
驸：fù，驾副车的马。
驯：xún，马顺服。今读作 xùn。
骚：sāo，骚扰。
骀：tái，马嚼子脱落。
驿：yì，驿站的马骑。
腾：téng，传递文书的车马。
驮：tuó，马负载货物。
驭：yù，驾御车马。
骗：piàn，跃而上马。
骣：chǎn，骑马不加鞍辔。

特殊字例

"骂"中的"马"在字中作声旁，表示读音。

骂：mà，用粗语或恶意的话侮辱人。

四、犬（犭）部

字形演变

【犬 quǎn】

甲 金 篆 隶 楷

部首解析

《说文解字·犬部》："犬，狗之有县蹄者也。象形。孔子曰：'视犬之字如画狗也。'凡犬之属皆从犬。"（译文：犬，狗中有悬空而不着地的蹄趾的一种。象形。孔子说："看犬字像画狗的样子。"大凡犬的部属字都跟犬的意义相关。）

古文字"犬"像狗的形状，描绘了狗尾巴上卷的特征。古代大狗谓之犬，小者称作狗。本义指大狗、猎狗。现代汉字中，"犬"组字时在下边写作"犬"，在左侧写作"犭"，称"反犬旁"。"犬"作意符组构的字，大多与犬的类型、叫声、动作、性情、功用及兽类等相关。

归类识字

1.表示犬的类型。

狗：gǒu，小犬。
狡：jiǎo，少壮的狗。
猃：xiǎn，长嘴巴狗。
猗：yī，被阉割的狗。
獒：áo，能如人意被使唤的一种狗。
猛：měng，健壮的狗。

2.表示犬的叫声。

猩：xīng，猩猩然，狗叫的声音。
猥：wěi，狗叫声。
狠：wán，狗边叫边斗的声音；今读作 hěn。
哭：kū，悲哀的声音。
狺：yín，犬吠声。

3.表示犬的动作、形态。

默：mò，狗偷偷地追逐人。

猝：cù，狗从草丛中突然蹿出追逐人。

状：zhuàng，狗的形状。

倏：shū，狗奔跑。

戾：lì，弯曲。

4.表示犬的性情。

狯：kuài，狡诈。

犷：guǎng，狗犷犷凶悍，不可亲近。

狎：xiá，狗可训练。

犯：fàn，侵犯。

猜：cāi，嫉恨以至残害别人。

独：dú，狗相遇就争斗。

狂：kuáng，疯狗。

狷：juàn，偏急。

狞：níng，凶恶。

狭：xiá，狗可训练；今义窄、不宽阔。

猖：chāng，猖狂。

猾：huá，狡猾。

獗：jué，猖獗。

5.表示犬的功用。

猎：liè，打猎追逐禽兽。

獠：liáo，打猎。

狩：shòu，用狗田猎。

臭：xiù，嗅其气味而知道其逃跑的踪迹；另读 chòu。

获：huò，打猎时捕获的禽兽。

献：xiàn，宗庙祭祀所用的狗叫作羹献。

狱：yù，监牢。

6.表示兽类。

狻：suān，狻猊，像浅毛虎，能吃虎豹的野兽。

猶：yóu，猕猴一类。

狙：jū，猕猴一类。

猴：hóu，一种长臂猿。

狼：láng，像狗，尖锐的头，白色的脸颊，身子前部高，后部宽。

狐：hú，妖异的野兽。

獭：tǎ，像小狗。在水里生活，吃鱼的生物。

犹：yóu，一种猿类动物。

狈：bèi，传说中的一种兽。

狮：shī，狮子。

狰：zhēng，兽名，像豹子，有一个角、五条尾巴。

狸：lí，狸子，也叫野猫、山猫。

猪：zhū，兽名。

猫：māo，兽名；另读作 máo。

猬：wèi，刺猬。

猿：yuán，兽名，与猴相似。

犰：qiú，犰狳，兽名。

犸：mǎ，猛犸，兽名。

狍：páo，狍子。

狒：fèi，狒狒，兽名。

狨：róng，兽名，猿猴类。

狲：sūn，兽名，猕猴的一种。

猁：lì，猞猁，兽名。

狳：yú，犰狳。

猞：shē，猞猁。

猕：mí，猕猴。

猢：hú，兽名。

猹：chá，獾类野兽。

猱：náo，古书中的一种猴。

獐：zhāng，兽名，像鹿。

獴：méng，兽名，身长脚短，嘴尖耳小，捕食蛇蟹。

獬：xiè，獬豸，古代传说中的异兽。

獾：huān，兽名。

猡：luó，猪猡，猪。

7.表示与地域民族相关。

狄：dí，中国古代北方的民族。

狁：yǔn，猃狁，中国古代北方的民族。

五、鸟部

字形演变

【鸟 niǎo】

甲　　金　　篆

隶　楷1　楷2

部首解析

《说文解字·鸟部》："鸟，长尾禽总名也。象形。鸟之足似匕，从匕。凡鸟之属皆从鸟。"（译文：鸟，长尾飞禽的总名。象形字。鸟的脚像匕字之形，从匕。大凡鸟的部属字都跟鸟的意义相关。）

古文字"鸟"像有头、目、喙、羽、尾、爪的鸟形。本义是长尾飞禽的总名，泛指鸟类。"鸟"作意符组构的字，大多与飞禽、猛禽、鸣禽、涉禽、游禽、陆禽等相关。

归类识字

1.表示飞禽。

鸾：luán，凤凰一类的神鸟。

鸠：jiū，小鸠。

鹘：gǔ，斑鸠。

鸽：gē，鸠类的鸟。

鸩：zhèn，毒鸟。

鸸：ér，燕子。

鹁：bó，鹁鸪。

2.表示猛禽。

鹫：jiù，鹫鸟，黑色，多力。

鸮：xiāo，鸱鸮鸟，俗称猫头鹰。

鸢：yuān，凶猛的鸟。

鹇：xián，鹇鹰。

鹞：yào，凶猛的鸟。

鸷：zhì，善于击杀的鸟。

鸱：chī，凶猛的鸟。

鹏：péng，大鹏。

鹰：yīng，老鹰。

鹗：è，鱼鹰。

3.表示鸣禽。

鹪：jiāo，鹪鹩鸟，亦称"桃虫""巧妇"。

鹩：liáo，刀鹩鸟。

莺：yīng，鸟名。

鸲：qú，鸲鹆鸟，今叫八哥鸟。

鹆：yù，鸲鹆鸟。

鹦：yīng，鹦鹉，能说话的鸟。

鹉：wǔ，鹦鹉。

鸦：yā，乌鸦。

鹂：lí，黄鹂。

鹃：juān，杜鹃。

鹊：què，喜鹊。

鸫：dōng，鸟名。

鹛：méi，画眉鸟。

4.表示涉禽。

鹤：hè，它在沼泽鸣叫，声音上达云霄。

鹭：lù，白鹭。

鹄：hú，鸿鹄鸟；另读作 gǔ。

鸿：hóng，鸿鹄鸟。

鹬：yù，知道天将下雨的鸟。

鸨：bǎo，鸨鸟。

鸹：guā，麋鸹鸟。

鹳：huān，鹳专鸟。今读作 guàn。

鸶：sī，鹭鸶。

鸻：héng，鸟名。
鹮：huán，鸟名。

5.表示游禽。

鸳：yuān，鸳鸯鸟。
鸯：yāng，鸳鸯鸟。
鹅：é，野鹅。
鹜：wù，舒凫。
凫：fú，舒凫。
鸬：lú，鸬鹚鸟。
鹚：cí，鸬鹚鸟。
鸥：ōu，水鸮鸟。
鹈：tí，鹈鹕。
鹕：hú，鹈鹕。
鸭：yā，鸭子。

6.表示陆禽。

鸡：jī，知时畜。
鸵：tuó，鸵鸟。
鹧：zhè，鹧鸪。
鸪：gū，鹧鸪。
鹌：ān，鹌鹑。
鹑：chún，鹌鹑。
鹋：miáo，鸸鹋。

7.表示鸟类本能。

鸣：míng，鸟叫。
鹐：qiān，鸟用嘴啄食。

六、隹部

字形演变

【隹 zhuī】

隹 甲　隹 金　隹 篆　隹 隶　隹 楷

部首解析

《说文解字·隹部》："隹，鸟之短尾总名也。象形。凡隹之属皆从隹。"（译文：隹，短尾鸟的总名。象形字。大凡隹的部属字都跟隹的意义相关。）

甲骨文、金文"隹"像有头、羽、爪的鸟形。本义是短尾鸟的总名。"隹"作意符组构的字，大多与鸟名、类别和特点相关。

归类识字

1.表示鸟名。

雅：yǎ，楚乌，乌鸦的一种。
雒：luò，鸺鹠，俗称小猫头鹰。
雀：què，依人而宿的小鸟。
雕：diāo，凶猛的鸟。
鹰：yīng，老鹰。
雁：yàn，大雁。
雇：hù，农桑候鸟；今读作 gù。
难：nán，鸟名。假借为困难的"难"。
雍：yōng，雍渠鸟。
隼：sǔn，鹰隼。
雎：jū，雎鸠，即鱼鹰。

2.表示鸟的类别。

雉：zhì，野鸡、山鸡。
雏：chú，小鸡。
雄：xióng，公鸟。
雌：cí，母鸟。
翟：dí，长尾山雉；另读作 zhái。

3.表示鸟的特点。

隽：juàn，肥美的鸟肉。

瞿：qú，鹰鹞惊视的样子。

霍：huò，雨中鸟疾飞时发出的声音。

集：jí，群鸟聚集在树上。

特殊字例

1."售、焦、截、雠"中的"隹"由声旁"雠、雠、雀、雠"省形而来，在字中没有独立意义。

售：shòu，卖出去。

焦：jiāo，被火烧伤。

截：jié，断绝、切断。

雠：chóu，应对。

2."耀"是形声字，"光"作形旁，"翟"作声旁。其中"隹"是声旁的部件，在字中没有独立意义。

耀：yào，照耀。

七、羽部

字形演变

【羽 yǔ】

羽甲 羽金 羽篆 羽隶 羽楷

部首解析

《说文解字·羽部》："羽，鸟长毛也。象形。凡羽之属皆从羽。"（译文：羽，鸟翅上的长毛。象形字。大凡羽的部属字都跟羽的意义相关。）

古文字"羽"像鸟的长翎形。本义指鸟的长毛。泛指羽毛。"羽"作意符组构的字，大多与羽毛、鸟名以及飞的姿态等相关。

归类识字

1.表示羽毛。

翰：hàn，天鸡的赤色羽毛。

翁：wēng，鸟颈上的毛。

翅：chì，鸟翼。

翘：qiáo，鸟尾上的长毛。

翮：hé，羽毛的茎。

翳：yì，用羽毛做的华盖。

翎：líng，鸟羽。

翼：yì，翅膀。

2.表示鸟名。

翟：dí，长尾山雉；另读作 zhái。

翡：fěi，赤色羽毛的小雀。

翠：cuì，青色羽毛的小雀。

3.表示飞的姿态。

翌：yì，鸟张羽旋风而上；另义，翌是射师。

翥：zhù，起飞。

翕：xī，飞起。

翚：huī，奋飞。

翩：piān，快速地飞。

翊：yì，飞的样子。

翌：yì，飞的样子。

翱：áo，翱翔。

翔：xiáng，回旋地飞。

翻：fān，上下飞动。

特殊字例

"扇、耀"是形声字，其中"户、光"

作形旁，"玻（省形）、翟"作声旁。其中的"羽"是它们声旁的部件，在字中没有独立意义。

扇：shàn，门扇。

耀：yào，照耀。

八、虫部

字形演变

【虫 chóng】

甲 金 篆1 篆2 篆3 虫隶 虫楷

部首解析

《说文解字·虫（huǐ）部》："虫，一名蝮，博三寸，首大如擘指。象其卧形。物之微细，或行，或毛，或蠃，或介，或鳞，以虫为象。凡虫之属皆从虫。"（译文：虫，又叫蝮虺，身宽三寸，头大像大拇指。小篆字形像它卧着的形状。活物中的微小的东西，有的行走，有的长毛，有的裸露，有的长着甲壳，有的长着鳞，造字时都以"虫"字作为象征。大凡虫的部属字都跟虫的意义相关。）

《说文解字·䖵（kūn）部》："䖵，虫之总名也。从二虫。凡䖵之属皆从䖵。读若昆。"（译文：䖵，虫类的总称。由两个虫字会意。大凡䖵的部属字都跟䖵的意义相关。）

《说文解字·蟲（chóng）部》："蟲，有足谓之蟲，无足谓之豸。从三虫。凡蟲之属皆从蟲。"（译文：蟲，有脚的叫作虫，无脚的叫作豸。由三个虫字会意。大凡蟲的部属字都跟蟲的意义相关。）

甲骨文、金文"虫"像弯曲的蛇形，指蝮蛇，此义后写作"虺"，泛指虫类；小篆字形或写作"蟲"，表示虫子多而类聚，指虫形动物的通称，如方言称老虎为大虫、蛇为长虫、禽鸟为虫蚁儿或是其明证。䖵读 kūn，多指小虫，后写作"昆"。"虫""䖵""蟲"三字属同源分化，均为《说文》部首，其义大同小异，后又被虫类义统括。"蟲"依秦汉俗体字形简化为"虫"。"虫""䖵""蟲"三字在现代汉字中作偏旁时大都演变作"虫"形。"虫"作意符构组的字，大多与爬行、飞行、水游、两栖以及传说中的动物等相关。

归类识字

1.表示爬行的动物。

蝮：fù，土虺。

蚓：yǐn，能够侧身爬行的动物。

蛔：huí，肚中的长虫。

蛲：náo，肚中的短小的虫子。

虽：suī，虫，似蜥蜴而大；今多作连词。

虺：huǐ，蜥蜴。

蜥：xī，蜥蜴。

蜴：yì，蜥蜴。

蜓：tíng，蝘蜓。

虿：chài，毒虫。

蛴：qí，蛴螬。

蝎：hé，蝤蛴；今读作 xiē，毒虫名。

蜀：shǔ，桑木中形状像蚕一样的害虫。

蠖：huò，尺蠖，行进时身子一屈一伸的虫子。

蝼：lóu，蝼蛄。

蛄：gū，蝼蛄。

蚁：yǐ，虮蜉。

蟋：xī，蟋蟀。

蟀：shuài，蟋蟀。

螳：táng，螳螂。

螂：láng，螳螂。

蚩：chī，虫名。

蟠：fán，鼠妇虫；今读作pán。

蚣：sōng，蚣蝑；另读作gōng，蜈蚣。

蜗：wō，蜗牛。

蝓：yú，蜗牛。

蛩：qióng，野兽；另义蝉蜕下的皮作蛩。

蚕：cán，孕着丝的虫子。

蚤：zǎo，咬噬人的善跳跃的虫子。

虱：shī，咬噬人的虫子。

蝥：máo，蜘蛛。

螬：cáo，蛴螬。

蠹：dù，寄生木中吃木的虫子。

蜉：fú，虮蜉。

虮：pí，虮蜉，大蚂蚁。

蜘：zhī，蜘蛛。

蛛：zhū，蜘蛛。

蛇：shé，毒虫。

虼：gè，虼蚤。

蚜：yá，蚜虫。

蚰：yóu，蚰蜒。

蛆：qū，蝇类的幼虫。

蚱：zhà，蚱蜢。

蚯：qiū，蚯蚓。

蛀：zhù，蛀虫。

蜒：yán，蚰蜒。

蜣：qiāng，蜣螂。

蜞：qí，蟛蜞。

蜢：měng，蚱蜢。

蝽：chūn，椿象。

蝻：nǎn，蝻子。

蚧：jiè，蛤蚧。

蚯：qū，蚯蟮，即蚯蚓。

蛞：kuò，蛞蝓。

蜈：wú，蜈蚣。

蝰：kuí，蝰蛇。

蟒：mǎng，巨蛇；另读作měng，蟆蟒。

蝾：róng，蝾螈、蜥蜴。

螈：yuán，蝾螈、蜥蜴。

螨：mǎn，螨虫。

蟑：zhāng，蟑螂。

蠲：juān，虫名。

2.表示飞行的动物。

螟：míng，吃禾谷之心的害虫。

强：qiáng，米中小虫。今作"彊"的正体。

蛾：é，蛾子。

蟥：huáng，金龟子。

蚬：xiàn，缢女虫；今读作xiǎn。

蛱：jiá，蝴蝶。

蝶：dié，蝴蝶。

蝥：máo，斑蝥。

蝗：huáng，蝗虫。

蜩：tiáo，蝉。

蝉：chán，用翅膀摩擦而发声的虫子。

蜻：jīng，蜻蜓。今读作qīng。

蛉：líng，蜻蜓。

蠓：měng，蠛蠓。

蚋：ruì，蚊子。

蛆：qù，蝇的幼虫；今读作 là。
蝙：biān，蝙蝠。
蝠：fú，蝙蝠。
螽：zhōng，蝗螽。
萤：yíng，萤火虫。
蜂：fēng，飞虫中蜇刺人的虫子。
蚊：wén，咬噬人的善飞的虫子。
虻：méng，咬噬人的善飞的虫子。
蜚：fěi，臭虫。
蝇：yíng，来回飞得嘤嘤响的苍蝇。
蟪：huì，蟪蛄，蝉的一种。
蝴：hú，蝴蝶。
蠖：sōu，蠼蠖。
蚰：yóu，蚱蚰。
蜴：yì，蜴虫。

3.表示水游的动物。

蛭：zhì，蚂蟥。
螺：luó，蜾蠃。
蠊：lián，海中的介虫，蚌类。
蛤：gé，蜃蚌一类；另读作 há，蛤蟆。
蚌：bàng，蜃蛤一类。
蛎：lì，蚌一类。
蟹：xiè，螃蟹。
蜮：yù，叫短狐的水虫。
蚂：mǎ，蚂蟥。
蚝：háo，牡蛎。
蚶：hān，蚶子。
蛏：chēng，蛏子。
蛳：sī，螺蛳。
蜊：lí，蛤蜊。
螅：xī，水螅。
螯：áo，蟹螯。
螃：páng，螃蟹。
蟛：péng，蟛蜞，螃蟹的一种。

4.表示两栖动物。

虾：há，蛤蟆；另读作 xiā。

蟆：má，蛤蟆。
蝈：guō，蛤蟆。
蚪：dǒu，蝌蚪。
蛙：wā，青蛙。
蝌：kē，蝌蚪。
蜍：chú，蟾蜍。
蟾：chán，蟾蜍。

5.表示与虫的习性相关。

蛹：yǒng，蚕茧中的蛹虫。
虮：jǐ，虱子的卵。
蛸：xiāo，螵蛸，螳螂的卵块。
蜕：tuì，蛇和蝉一类动物解脱的那张皮。
螫：shì，毒虫咬刺施毒。
蛘：yǎng，瘙痒；今读作 yáng。
蚀：shí，皮肉败坏而成疮。
蟮：shàn，虫类曲折蜿转的样子。
蛰：zhé，虫类遇冬藏隐不出。
蜱：pí，蜱蛸，螳螂的卵。
蜜：mì，蜜蜂酿造的甜美的糖浆；另义蜈虫的卵。
蠡：lǐ，虫在木中咬木头。
蠢：chǔn，虫蠕动。
蛊：gǔ，蛊虫。
茧：jiǎn，蚕衣。
蠕：rú，虫类爬行的样子。
蜇：zhē，毒虫叮刺；另读作 zhé，海蜇。
蜷：quán，爬虫身体扭曲的样子。
蜿：wān，龙蛇蟠行的样子。
螵：piāo，螵蛸。

6.表示与传说中的动物相关。

蛟：jiāo，龙一类的动物。
螭：chī，像龙而呈黄色，北方叫作地蝼；另义，没有角的龙。
虬：qiú，有角的小龙。

蜃：shèn，野鸡沉入海，化作了蜃。

蚨：fú，青蚨，水虫，传说用它的血涂在钱上，可使钱还归。

虹：hóng，彩虹，样子弯曲像虫。

蚴：yòu，蚴螑，龙行的样子。

7. 表示种族。

闽：mǐn，南方的越族，与蛇虫习居的种族。

蛮：mán，南方的蛮族，与蛇虫习居的种族。

蜑：dàn，南方沿海少数民族。

特殊字例

"融"是形声字，"鬲"作形旁，"蟲（省形）"作声旁。其中"虫"是声旁的部件，在字中没有独立意义。

融：róng，炊气上升。

九、鱼部

字形演变

【鱼 yú】

部首解析

《说文解字·鱼部》："鱼，水虫也。象形。鱼尾与燕尾相似。凡鱼之属皆从鱼。"

（译文：鱼，水中的动物。象形字。"鱼"字的尾形与"燕"字的尾形相像。大凡鱼的部属字都跟鱼的意义相关。）

甲骨文、金文"鱼"像鱼之形，可见其头、身、鳍、尾和鳞。本义是水生脊椎动物的通称。现代汉字中，"鱼"依清代俗体字形简化为"鱼"，"鱼"作偏旁时常写作"鱼"（下横变提）。"鱼"作意符组构的字，大多与鱼名、鱼的特性及非鱼类水游动物相关。

归类识字

1. 表示鱼名。

鳎：tǎ，鳎目鱼。

鳟：zǔn，红眼鱼。今读作 zūn。

鲔：wěi，鲟鱼。

鲧：gǔn，鱼名。

鳤：guān，鳏鱼。

鲤：lǐ，鲤鱼。

鳊：biān，鲂鱼。

鲂：fáng，红尾巴鱼。

鲢：lián，鲢子。

鲋：fù，鲫鱼。

鲫：jì，鲫鱼。

鲡：lí，白鳝。

鳗：mán，鳝鱼。

鳢：lǐ，黑鱼。

鲟：xún，鲟鱼。

鲩：huàn，草鱼。

鲚：jì，刀鱼、鲚刀。

鲇：nián，鲶鱼。

鳀：tí，大鲇鱼。

鳜：guì，鳜鱼。

鳝：shàn，黄鳝。

鲨：shā，鲨鱼。

鲜：xiān，鱼名。

部首识字

鳙：yōng，胖头鱼。
鲐：tái，海鱼的名称。
鲛：jiāo，海鱼。
鲷：diāo，鱼名。
鲽：dié，比目鱼。
鳐：yáo，文鳐。
鲀：tún，河豚。
鲆：píng，比目鱼的一种。
鲈：lú，鲈鱼。
鲑：guī，河豚的别称；另读作 xié。
鲣：jiān，鲣鱼。
鲥：shí，鲥鱼。
鲮：líng，鲮鱼。
鲱：fēi，鲱鱼。
鲳：chāng，鲳鱼。
鲴：gù，黄鲴。
鲻：zī，鲻鱼。
鲼：fèn，鲼鱼。
鳅：qiū，泥鳅。
鳇：huáng，鳇鱼。
鳓：lè，鳓鱼。
鳕：xuě，鳕鱼。

2.表示与鱼的特性相关。

鲠：gěng，鱼的骨头。
鳞：lín，鱼身上像铠甲的表层薄片。
鲍：bào，盐渍鱼。
鲅：bō，鲤鱼尾巴摆得鲅鲅响；今读作 bà。
鲁：lǔ，鱼味美。假借为鲁莽的"鲁"。
鳍：qí，鱼鳍。
鲞：xiǎng，干鱼、腊鱼。
鳃：sāi，鱼鳃。
鳔：biào，鱼鳔。

3.表示非鱼类水游动物。

鲵：ní，违背鱼性的鱼。
鲸：jīng，海里的大鱼。
鳖：biē，甲鱼。
鳄：è，鳄鱼。
鱿：yóu，鱿鱼。
鲎：hòu，鲎鱼。
鲲：kūn，古代传说中的大鱼。
鳌：áo，传说中海里的大龟或大鳖。

第九章 植物类

部首	起源物象	象形文字	孳乳字例		特殊字例
			《说文解字》该部所辖	《新华字典》检字表该部所辖	
艸（艹）			芝莆其藿莠苏荏葵蓼薇苋芋莒蓬菊莘菁芦蕨苹蓝萱芎芄蓠芷薰莓苷苠苌蓟茇莜蒉薛苦菩薏茅菅蕲莞蔄蒲萑苡蕁蔗莩犹苓蒯蒌蕾貌茜苞艾芹茑芸葑荠蕫苄芩茨蒹菡苕莲茄荷茏蕃莪萝蔚萧芍芪蔸葛蔓荇芫蒋茛菌蕈葚蒟荬菜荆苔芽萌苗茎葚苞荚蕤荚芒蒂茂菌芮茌荟芼苍萃莳苗苛芜荒落蔽蕴蔫蔡菜薄苑蔽茀芳药芰荐藉茨葺苫藩蒩荃若莼莜苴茵葖茹蒺苴薪蒸蕉芄蒜芥葱苟蕨莎菲苇蒛莱荔蒙藻范芴萄芭蔷茗苟茶蘩蒿蓬藜葆蕃茸草蓄菰芙蓉荀荪蔬芊茗芗藏蘸	艺节花芬芯芭莱茶莽莫莉著菱萍菠萨菇葫葬葡蕊薯藕藤蘑芇茋苁苎苯茎苜莓尚茌苻茚茓萆苘茾荞苡荬苛荸苘荖荻莘菘萘茙菖萜菟岩葳蓴荨薅葱蓓翁襄蕨蒡萌苋蕖菎蓿蕙蕞戟蕻薤薜蕲蔓薷藓蒹葿蘅	共劳巷茧茫荡荣荥荻莹莺萤营惹募墓幕慕暮摹蔑蔼蘖茊荁荥荦堇菜荷紫葱蒡浪茔菖蘪蘖

部首	起源物象	象形文字	孳乳字例 《说文解字》该部所辖	孳乳字例 《新华字典》检字表该部所辖	特殊字例
木			橘橙柚楂梨柿楠梅杏奈李桃楷桂棠杜椋栟椅梓楸杉榛栲椿椐栩样橡枇桔柞槟梢梭枸枋樗檗槭杨桱柳栾棣枳枫权柜槐楮杞檀栎楝栏柘梧荣桐榆梗樵松桧枞柏机桅某树本柢朱根株末果权枝朴条枚梃标杪朵枵柱桡格枯槁桢柔柝材柴杲杳栽杆构模杼栋柱楹橙栌桷橡樱楣檐植枢楼栊楯棂枪楔栅桓杠床枕棱枏梳杷枷杵概案桉杓椭槌桎杇核棚栈梯枨橛杖椎梲柄榜檠棋栝槽杲桶橹乐椠札检极榷桥梁楫校采横棱蘗枰槎析休械桱桔枥槛桕棺椁枭枙榭槊榻椁桩樱	未术朽村束枣林杯板杭柑查相柠架框梆栖档桦栓栗桌桨桑棒椰森椒棵棍棉棕榔棘集楚榄榴榨榕寨樟橄橱檬机枧杻枢柈柁栳栲柏桁梵杪芬焚棹椤桠椪椴桐榉槿榿榛榭樾橡檩橼橱橘檯榉榍樾檄檎樽椰橡檩	杀杂杰亲彬渠禁槲樊橐
禾			秀稼穑种稚稠稀穆私稷秋稻稗移颖穗秒积秩稞稃秆稿秕穰秧稔租税稣稍秋秦称科程秫穗	利委秉香秤秘秸秒秣秾稂	秃和季乘颖稽盉秸黎糜黏馥

第九章 植物类

续表

部首	起源物象	象形文字	孳乳字例 《说文解字》该部所辖	孳乳字例 《新华字典》检字表该部所辖	特殊字例
竹（⺮）			箭筱笋箬笨篆籀篇籍篁简等笺符筵笄竿籫筵篡箅筍箪箸篓篮篝篚迻竽笼筧笠箱策箮笞签箴竽笙簧箫筒籁管笛筑筝筹竿算笑筠笏筐篙第	笔筐筛筏答筋筷箕箩篷篱簇薄竺笈笕笊笆筘笱筎筘筌笓筲筈箧箔筌筅篆箦筷箓箠簏歆箴籔簪	篡簸笃篡
米			梁粲砺精粗粒糁糜糟糗粮糅粹粉粕粽糖	籽粘粟粥糊糙糕糠糯籴籼粑粞粿糌糙糨鬻	屎类粤粪𥻗
食（饣）			馏饪饔饴饧馓饼饲馈饭飧餐饷馈飨饫饱饶饯馆饕餮馑馁饥饿	饮饵蚀饺馅馋馍馒饨饩饴饹饽饾馄馇馊馐餍馕	饰饬

一、艸（艹）部

字形演变

【艸 cǎo】

艸(甲) 艸(陶) 艸(篆) 艸(隶) 艸(楷)

部首解析

《说文解字·艸部》："艸，百芔也。从二屮。凡艸之属皆从艸。"（译文：艸，百草。由两个屮字构成。大凡艸的部属字都跟艸的意义相关。）

甲骨文"艸"像一棵小草的样子；艸由两个屮组合会意。本义是草。现代汉字中，"艸"作为"草"的异体字。"艸"组字时常在字的上面，写作"艹"，称作"草字头"。"艸"作意符构成的字，大多与草名、草木组成部分、长势、气味以及木名、农事草木制品等相关。

归类识字

1.表示草名。

芝：zhī，灵芝。
莆：fǔ，萐莆。
莠：yǒu，狗尾草。
苏：sū，紫苏。
荏：rěn，白苏。
葵：kuí，葵菜。
蓼：liǎo，蔷虞。
薇：wēi，薇菜，像豆，指野豌豆。
苋：xiàn，苋菜。
芋：yù，芋艿。
苣：jǔ，芋的别称。
蘧：qú，蘧麦。
菊：jú，大菊，又名蘧麦。
荤：hūn，指葱蒜类辛臭的蔬菜。
芦：lú，芦萉。
萉：fú，芦萉，样子像芜菁，今作萝卜。
苹：píng，浮萍，没有根，浮在水面而生。
萍：píng，浮萍。
蓝：lán，染青色的草。
萱：xuān，令人忘记忧愁的草。
芎：xiōng，川芎。
芄：huán，芄兰，又叫萝。
蓠：lí，江蓠，蘼芜的别名。
薰：xūn，香草名，又叫蕙草、零陵香。
苷：gān，甘草。
荩：jìn，荩草。
苌：cháng，苌楚，羊桃的别名。
蓟：jì，与芙同类的草。
芨：jī，菫草，即陆英，又称接骨草。
荑：tí，荑草。
薛：xuē，赖蒿。
苦：kǔ，大苦，即甘草。
蓓：bèi，黄蓓草。
薏：yì，薏苢，即薏米。
茅：máo，茅草。
菅：jiān，菅茅。
蕲：qí，一种香草。
莞：guān，莞草，即席子草，可用来编织席子。
蔺：lìn，莞草的一种。
蒲：pú，水草，即香蒲。

第九章 植物类

苡：yǐ，芣苡，即车前草。
荨：tán，知母草；今读作 qián；又读作 xún。
蔗：zhè，甘蔗。
莩：fú，莩草；另读作 piǎo。
莸：yóu，水边的草。
苓：líng，卷耳草。
蒯：kuǎi，蒯草。
蒌：lóu，蒌蒿香草。
藐：miǎo，茈草。
茜：qiàn，茅蒐草；另读作 xī。
薜：bì，牡赞草。
苞：bāo，蔗草。
艾：ài，艾蒿。
芹：qín，水芹。
芸：yún，芸香草。
葑：fēng，须从菜。
茡：jì，蒺藜。
蕫：dǒng，鼎蕫草。
芐：hù，地黄；今读作 biàn。
芩：qín，芩草。
菱：líng，芰菱。
芡：qiàn，鸡头米。
茏：lóng，水荭草。
蓍：shī，蓍草。
莪：é，萝莪。
萝：luó，莪蒿。
蔚：wèi，牡蒿。
萧：xiāo，艾蒿。
芍：xiāo，凫茈草。今读作 sháo。
芪：qí，芪母草。
菀：wǎn，紫菀。
葛：gé，编织细葛布和粗葛布的草。
蔓：màn，像葛草一类的藤生植物；另读作 wàn。
芫：yuán，毒杀鱼的草。

蒋：jiǎng，茭笋。
莨：láng，狼尾草。
菌：jùn，地蕈。
蕈：xùn，桑树上的木耳。
苔：tái，水边所生的水苔；另读作 tāi。
蔡：cài，蔡草。
菜：cài，可供食用的草。
药：yào，治病的草。
蒜：suàn，辛辛的菜。
芥：jiè，芥菜。
葱：cōng，菜名。
苟：gǒu，苟草。
蕨：jué，初生如鳖脚的山菜。
莎：suō，香附子；另读作 shā。
菲：fěi，宿菜。
莱：lái，蔓华。
荔：lì，荔草。
蒙：méng，大的女萝草；另读作 mēng、měng。
藻：zǎo，水藻草。
范：fàn，范草。
艿：réng，艿草；今读作 nǎi。
萄：táo，葡萄草。
苕：tiáo，陵苕草。
荼：tú，苦菜。
蘩：fán，白蒿。
蒿：hāo，青蒿。
蓬：péng，蓬蒿草。
藜：lí，藜蒿。
荀：xún，荀草，传说中的草名。
荪：sūn，香草。
蔬：shū，蔬菜。
芯：xīn，草名；另读作 xìn。
芭：bā，芭蕉。
菠：bō，菠菜。

118 部首识字

萨：sà，薛草，今多作音译字。
菇：gū，蘑菇。
葫：hú，蔬菜名，指大蒜。
薯：shǔ，薯蓣，即山药。
蘑：mó，蘑菇。
苈：lì，葶苈。
芷：zhǐ，白芷。
苁：cōng，苁蓉。
苎：zhù，苎麻。
苜：mù，苜蓿。
苘：qǐng，苘麻。
苻：fú，鬼目草。
茚：yìn，草名。
茆：mǎo，凫葵。
茯：fú，茯苓。
荬：mǎi，苣荬菜。
荜：bì，荜茇。
茼：tóng，茼蒿。
茴：huí，茴香。
荞：qiáo，荞麦。
荇：xìng，荇菜。
荸：bí，荸荠。
莴：wō，莴苣。
荽：suī，胡荽，香菜。
荻：dí，蒿。
莘：xīn，细莘，一种中药草；另读作 shēn。
莼：chún，莼菜。
菘：sōng，蔬菜名。
菽：shū，豆的总称。
菖：chāng，菖蒲。
菟：tù，菟丝。
菪：dàng，莨菪。
葡：pú，葡萄。
葶：tíng，葶苈。
蒽：ēn，草名。

蓖：bì，蓖麻；另义蒿类。
蒺：jí，蒺藜。
蒡：bàng，牛蒡。
蒴：shuò，蒴藋。
蔻：kòu，豆蔻。
蓿：xu，苜蓿。
蕙：huì，香草。
蕺：jí，蕺菜。
薤：xiè，薤头。
薹：tái，芸薹。
藓：xiǎn，苔藓。
藁：gǎo，藁木。
薷：rú，木耳。
藠：jiào，藠头。
蘅：héng，杜蘅。

2.表示草木组成部分。

萁：qí，豆秆。
藿：huò，豆的鲜嫩叶子。
菁：jīng，韭菜花。
菡：hàn，菡萏。
萏：dàn，菡萏。
莲：lián，芙蕖的籽实。
茄：jiā，芙蕖的茎；另读作 qié。
荷：hé，芙蕖的叶。
藕：ǒu，莲的地下茎。
葚：shèn，桑树的果实。
蒟：jǔ，蒟酱之果。
茎：jīng，众枝之主干。
莛：tíng，茎。
葩：pā，草木的花。
荚：jiá，草木的籽实。
芒：máng，草末端的芒刺。
蒂：dì，瓜蒂。
草：zào，栎实；今读作 cǎo，草本植物的总称。
芙：fú，芙蓉。

蓉：róng，芙蓉。
花：huā，草木花的总称。
节：jié，竹节。
萼：è，花萼。
蔸：dōu，指某些植物的根和靠近根的茎。
蕖：qú，芙蕖。
蕊：ruǐ，花蕊。
蕾：lěi，蓓蕾。

3.表示草木长势、气味。
芬：fēn，草叶新生，它的香气四处分布。
萑：zhuī，草多的样子；今读作huán。
蒹：jiān，没有抽穗的荻。
芽：yá，草木新生的芽。
萌：méng，草木的芽。
茁：zhuó，草木初生长出地面的样子。
英：yīng，草只开花却不结实。
萋：qī，草茂盛的样子。
蕤：ruí，草木的花下垂的样子；另一义，草木的花盛的样子。
茂：mào，草丰盛。
荫：yīn，草木覆荫土地。
蓁：zhēn，草茂盛的样子。
芮：ruì，芮芮，草初生的样子。
茬：chí，草茂盛的样子；今读作chá。
荟：huì，草多的样子。
芼：mào，草覆地蔓延。
苍：cāng，草的颜色。
萃：cuì，草聚集的样子。
芜：wú，土地不耕而荒废。
荒：huāng，荒芜。
苗：miáo，生长在田里的禾。
苛：kē，小草。

落：luò，大凡草叶凋衰叫零，树叶脱落叫落；另读作lào、là。
蔽：bì，小草的样子。
蔫：yān，枯萎，不新鲜。今读作niān。
薄：bó，草木密集丛生；另读作báo、bò。
茀：fú，路上多草，不可通行。
芳：fāng，草的香气。
苇：wěi，长大了的芦苇。
葭：jiā，没有抽穗的初生的芦苇。
葆：bǎo，草茂盛的样子。
蕃：fán，草繁茂。
茸：róng，草初生的样子。
菰：gū，草多的样子。
芊：qiān，草木茂盛。
茗：míng，茶树的嫩芽。
芗：xiāng，谷的馨香之气。
蓐：rù，来年的陈根草再发生。
茀：fèi，蔽茀；另读作fú。
苯：běn，草木丛生。
苤：piě，草木花茂盛的样子。
苒：rǎn，苒苒，草盛的样子。
茌：chí，草木茂盛的样子；今作地名。
葳：wēi，葳蕤。
蓓：bèi，蓓蕾，含苞待放的花。
蓊：wěng，草木茂盛的样子。
薨：hòng，茂盛；另读作hóng。

4.表示木名。
蔷：qiáng，蔷薇。
萸：yú，茱萸。
茱：zhū，茱萸。
荆：jīng，荆楚，一种灌木。
茉：mò，茉莉。
茶：chá，茶树。
莉：lì，茉莉。

藤：téng，弘藤。
茑：niǎo，寄生木。
莓：méi，木莓。

5.表示与农事相关。

莳：shì，移栽。
蕴：yùn，积蓄。
苑：yuàn，用来养禽兽的地方。
薮：sǒu，大的湖泽。
芟：shān，割草。
茨：cí，用茅草、芦苇盖屋。
葺：qì，用茅苇盖屋。
苫：shān，用苇草编成的覆盖物。
藩：fān，篱笆。
若：ruò，择菜。
茹：rú，喂马。
萎：wèi，喂牛；今读作 wěi。
苣：jù，捆束苇杆烧着。
薪：xīn，柴草。
蒸：zhēng，去皮的麻中秆。
蕉：jiāo，未经沤治的生麻。
艽：qiú，荒远。今读作 jiāo。
芑：qǐ，生长白色茎的良种谷子。
蓄：xù，积聚。
藏：cáng，隐藏。
蘸：zhàn，物体浸没在水中。
薅：hāo，拔去田间的草。
莫：mò，太阳将要没落。
莽：mǎng，狗善于在草中追兔子。
葬：zàng，将尸体掩埋收藏。
艺：yì，种植。
苚：zhòu，用草包裹。
莅：lì，来到。

6.表示草木制品。

荐：jiàn，草席。
藉：jiè，祭祀时垫在地上的东西；另义草没有编结好，叫狼藉；另读作 jí。

菹：zū，用盐腌渍的酸菜。
荃：quán，芥菜苏。
莜：diào，草编田间用器；今读作 yóu。
苴：jū，鞋中草垫。
茵：yīn，车中加垫的褥席。
茭：jiāo，干饲料。
蔟：cù，蚕蔟，供蚕作茧的用具。
箸：zhù，筷子。
苰：xué，苰子。
萘：nài，一种有机化合物。
萜：tiē，有机化合物的一类。
蓑：suō，蓑衣。
蕞：zuì，古代演习朝会礼仪时捆扎茅草立放着，用来标志位次。

特殊字例

1."共、巷、茧、荧、蔑、瞢、堇"中的"艹"是由其他字（物）形演变而来的，与草的意义无关。

共：gòng，相同。
巷：xiàng，里中道。
茧：jiǎn，蚕衣。
荧：yíng，光微弱的样子。
蔑：miè，劳倦，眼睛没有精神。
瞢：méng，眼睛不明亮。
堇：qīn，黏土。表示堇菜时，读作 jǐn。

2."劳、荣、莹、莺、萤、营、茔、荧、荥、荤、蓥、鐅"中的"艹"分别是它们的声旁"熒、熒、熒、熒、熒、熒、熒、營、熒、勞、熒、熒"的省形讹变而来，在字中没有独立意义。

劳：láo，十分勤苦。
荣：róng，梧桐。
莹：yíng，玉色光明。

莺：yīng，鸟名。
萤：yíng，萤火虫。
营：yíng，四周垒土而居。
茕：qióng，回旋着飞。
茔：yíng，墓地。
荥：xíng，小水；另读作 yíng。
荦：luò，杂色的牛。
萦：yíng，缭绕。
鎣：yíng，器名。

3. "薨、茫、获（獲）、荡、惹、蔼、棻、菏、蒗"中的"艹"是它们的声旁"瞢（省形）、芒、蒦、募、若、葛、芬、苛、茛"的部件，在字中没有独立意义。

薨：hōng，公侯死亡。
茫：máng，水浩大的样子。
获：huò，打猎时捕获的禽兽。
荡：dàng，水名。
惹：rě，心乱。
蔼：ǎi，和气，和善。
棻：fēn，香树。
菏：hé，菏泽。
蒗：làng，蒗荡渠，古运河。

4. "募、墓、幕、慕、暮、摹、蓦"中的"艹"是它们的声旁"莫"的部件，在字中没有独立意义。

募：mù，广泛征求。
墓：mù，坟墓。
幕：mù，覆布。
慕：mù，习玩。
暮：mù，傍晚。
摹：mó，照着样子做。
蓦：mò，上马。

5. "孽、蘖"中的"艹"是它们的声旁"薛"的部件，在字中没有独立意义。

孽：niè，非正妻所生的儿子。
蘖：niè，被砍伐的树木再生的新枝。

6. "葸"中"艹"结构不明。
葸：xǐ，畏惧的样子。

二、木部

字形演变

【木 mù】

𣎳 甲　𣎳 金　𣎳 篆　木 隶　木 楷

部首解析

《说文解字·木部》："木，冒也。冒地而生。东方之行。从中，下象其根。凡木之属皆从木。"（译文：木，冒覆。冒覆土地而生长着。是代表东方的物质。上从中，下面像它的根。大凡木的部属字都跟木的意义相关。）

古文字"木"像树木形，上为枝叶，下为树根。本义是树，引申指木头、木材等义。现代汉字中，"木"作偏旁组字时常在字的左边写作"木"（捺变点），在字的下方时或写作"朩"。"木"作意符组构的字，大多与树木名、树木组成部分、特性、姿态、木制器具以及房屋建筑等相关。

归类识字

1.表示树木名。

橘：jú，橘树。
橙：chéng，橘树一类。

柚：yòu，又叫條，像橙子而味酸；另读作 yóu。

楂：zhā，山楂；另读作 chá。

梨：lí，梨木。

楠：nán，楠木。

梅：méi，楠木；又是可吃的酸果。

杏：xìng，果木名。

柰：nài，果木名。

李：lǐ，果木名；李树。

桃：táo，果木名。

楷：jiē，木名；另读作 kǎi。

桂：guì，江南出产的树木，是百药之长。

棠：táng，公的叫棠，母的叫杜。

杜：dù，甘棠。

椋：liáng，即来树。

栟：bīng，栟榈树；另读作 bēn。

棕：zōng，棕榈树。

椅：yī，梓树一类；另读作 yǐ。

梓：zǐ，梓树。

楸：qiū，梓树一类。

杉：shān，杉树；另读作 shā。

榛：zhēn，树木名；另义丛聚。

栲：kǎo，山樗。

椐：jū，灵寿树。

栩：xǔ，柞栎。

枇：pí，枇杷，树木名。

桔：jié，桔梗，药名；另读作 jú。

柞：zuò，树木名；另读作 zhà。

梢：shāo，树木名；今义枝梢。

梭：suō，树木名。

枸：jǔ，树木名，即椇叶；另读作 gōu、gǒu。

枋：fāng，树木名。

樗：huà，树木名；今读作 chū。

檗：bò，黄木。

槭：qì，树木名。

杨：yáng，树木名。

柽：chēng，河柳树。

柳：liǔ，小杨。

栾：luán，树木名，像木兰树。

棣：dì，白棣。

枳：zhǐ，树木名，即枸橘。

枫：fēng，树木名。

权：quán，黄华木。

榉：jǔ，树木名，即榉柳。

槐：huái，树木名。

楮：chǔ，榖树。

柠：níng，榖树。

杞：qǐ，枸杞。

椰：yē，树木名。

檀：tán，树木名。

栎：lì，树木名。

楝：liàn，树木名。

柘：zhè，柘桑。

梧：wú，梧桐树。

荣：róng，梧桐。

桐：tóng，荣树。

榆：yú，榆树。

梗：gěng，山枌榆树，有刺，荚果可做芫荑酱。

松：sōng，树木名。

桧：guì，柏树的叶，松树的干，即圆柏；另读作 huì。

枞：cōng，松树的叶，柏树的身，即枞树；另读作 zōng。

柏：bǎi，椈树；另读作 bó、bò。

机：jī，树木名。

樞：zhī，黄木，果实可作染料的树；今读作 wéi。

栀：zhī，黄木，果实可作染料的树；今指栀子花。

树：shù，生物中直立的东西的总称。
朱：zhū，赤心树木。
杆：gān，木名；另读作 gǎn，器物上像棍子的细长部分。
柑：gān，木名。
樱：yīng，樱桃树。
术：zhú，白术；另读作 shù。
枣：zǎo，枣树。
梆：bāng，木名。
桦：huà，木名，指桦木。
桑：sāng，桑树。
椒：jiāo，花椒。
棉：mián，木棉。
椿：chūn，木名。
榄：lǎn，橄榄。
榴：liú，木名。
榕：róng，木名。
橡：xiàng，木名。
樟：zhāng，木名。
橄：gǎn，橄榄。
檬：méng，木名。
栗：lì，木名。
杻：niǔ，木名，指檍树；另读作 chǒu。
桼：qī，木名。
柏：jiù，木名。
桉：ān，桉树。
桫：suō，桫椤。
椤：luó，桫椤。
椪：pèng，椪柑。
椴：duàn，木名。
栌：lú，栟栌。
榉：jǔ，榉树。
榧：fěi，木名。
槟：bīng，槟榔；另读作 bīn。
槠：zhū，木名。

槿：jǐn，木槿。
檎：qín，木名。
榔：láng，槟榔。
棘：jí，丛生的小枣树。
藁：gǎo，藁木。
槲：hú，木名。
樨：xī，木樨。
橼：yuán，枸橼。

2.表示树木的组成部分。
样：xiàng，栩实；今读作 yàng。
柿：shì，赤心果。
某：mǒu，酸果。
本：běn，树木下部。
柢：dǐ，树根。
根：gēn，草木之根。
株：zhū，树根。
末：mò，树梢。
果：guǒ，树木的果实。
杈：chā，树枝。
枝：zhī，树木主干分生的枝条。
朴：pò，树皮；又读作 pǔ、piáo。
条：tiáo，小的树枝。
枚：méi，树干。
梃：tǐng，棒棍。
标：biāo，树梢。
杪：miǎo，树梢。
杇：xiāo，树根。
材：cái，树干。
蘖：niè，被砍伐的树木再生的新枝。

3.表示树木的特性、姿态。
樵：qiáo，不中用的木。
朵：duǒ，树木下垂朵朵的样子。
枉：wǎng，树木斜曲。
桡：náo，弯曲的树木；今读作 ráo。
格：gé，枝条长长的样子。
枯：kū，枯槁。

槁：gǎo，树木干枯。
桢：zhēn，刚硬的树木。
柔：róu，树木可曲可直。
柴：chái，小的木头，不中用的木头。
未：wèi，滋味。假借为没有。
林：lín，平地上有丛聚的树木。
楚：chǔ，丛生的树木；另义荆树。
森：sēn，树木众多的样子。
梵：fàn，草木茂盛的样子；今多作译音字。
杌：wù，树没有枝。
棵：kē，断木。
栖：qī，鸟类在树上歇息；另读作 xī。
樾：yuè，树荫。

4.表示木制器具。
柝：tuò，巡夜打更用的梆子。
枪：qiāng，刺击用的长矛。
楔：xiē，楔子。
杠：gāng，床前横木；今读作 gàng。
床：chuáng，安身的坐具。
枕：zhěn，枕头。
椟：dú，匣柜。
栉：zhì，梳篦的总称。
梳：shū，梳子。
杷：pá，收取谷麦的器具；另读作 bà。
枷：jiā，连枷，脱粒用的农具。
杵：chǔ，捣粟用的棒槌。
概：gài，量谷物时刮平斗斛的器具。
杯：bēi，饮酒器。
案：àn，进食用的短足木盘。
杓：biāo，勺子的把；另读作 sháo。
椭：tuǒ，车厢木格栏内椭圆而狭长的容器。
槌：chuí，搁架蚕箔的木柱。
梿：liǎn，瑚梿，祭祀供盛黍稷的器具；今读作 lián。

杼：zhù，织布机上夹持纬纱的构件。
桄：gāi，今南方少数民族用桄树的皮作成箱篋；今读作 hé、hú。
橛：jué，短木桩。
杖：zhàng，手杖。
棒：bàng，棍杖。
椎：chuí，搥击之器；另读作 zhuī。
柯：kē，斧头的把。
柄：bǐng，斧头的把。
榜：bēng，用来矫正弓弩的器具；今读作 bǎng。
檠：qíng，校正弓弩的器具。
棋：qí，比输赢的棋具。
栝：tiǎn，拨火棍；今读作 guā。
槽：cáo，牲畜食用的器具。
臬：niè，箭靶。
桶：tǒng，木制方形斛。
橹：lǔ，大盾牌。
椠：qiàn，书版的坯子。
札：zhá，读写用的小木片。
检：jiǎn，封书题签。
檄：xí，长二尺的文书。
极：jí，驴鞍。
楫：jí，船桨。
校：jiào，木制刑具；另读作 xiào。
枰：píng，棋盘。
械：xiè，木制的束缚手脚的刑具；另义，器物总称。
桎：zhì，束缚脚的刑具。
梏：gù，束缚手的刑具。
枥：lì，马槽。
棺：guān，棺木。
椁：guǒ，葬有木制的外棺。
槊：shuò，长杆矛。
榻：tà，长狭而低矮的坐卧之具。

槔：gāo，桔槔，汲水器具。

柩：jiù，装着尸体的棺材。

板：bǎn，木片。

框：kuàng，棺门。

档：dàng，制格子的横木条。

栓：shuān，木钉。

桩：zhuāng，木桩。

桌：zhuō，几案。

棍：gùn，棍棒。

橱：chú，橱柜。

架：jià，搁置或支持东西的用具。

桨：jiǎng，船桨。

枧：jiǎn，引水的竹、木管子。

柈：bàn，木板。

栳：lǎo，栲栳，柳器。

棹：zhào，长的船桨。

棰：chuí，短木棍。

楦：xuàn，木制鞋楦。

榨：zhà，压油器具。

榫：sǔn，榫卯。

樯：qiáng，桅杆。

橇：qiāo，在泥路上行走所乘之具。

樽：zūn，盛酒器。

5.表示与房屋建筑相关。

栽：zāi，筑墙立板。

构：gòu，架屋。

模：mú，法式；另读作 mó。

栿：fú，房屋的二梁。

栋：dòng，房屋的脊檩。

柱：zhù，屋柱。

楹：yíng，厅堂前的直柱。

樘：chēng，用斜柱支撑；另读作 táng。

栌：lú，屋柱头上的斗栱。

桷：jué，承屋瓦的圆木。

椽：chuán，椽皮。

榱：cuī，屋椽。

楣：méi，屋檐口椽木底端的横板。

檐：yán，屋檐。

植：zhí，门用以落锁的中立直木。

枢：shū，门的转轴或承轴臼。

楼：lóu，两层以上的房屋。

楯：shǔn，栏杆；另读作 dùn。

查：zhā，木栏；另读作 chá。

栅：zhà，编成的竖立的竹木。

桓：huán，陲亭旁用来做标志的木柱。

棚：péng，用竹、木搭成的篷架或小屋。

栈：zhàn，牲口棚。

梯：tī，木梯。

枨：chéng，斜柱。

棁：zhuō，梁上短柱。

榷：què，独木桥。

桥：qiáo，水中桥梁。

梁：liáng，水桥。

横：héng，拦门的木；另读作 hèng。

棱：léng，四方木。

槛：jiàn，关养禽兽的栅栏。

栊：lóng，关养禽兽的栅栏。

柙：xiá，关养禽兽的木笼。

榭：xiè，台上有屋子。

棼：fén，阁楼的正梁。

柁：tuó，房柁；另读作 duò。

棂：líng，窗棂。

檩：lǐn，屋上横木。

栏：lán，栏杆。

寨：zhài，防卫所用的木栅。

桁：héng，屋梁上的横木。

6.表示与木相关的其他意义。

杲：gǎo，明亮。

杳：yǎo，幽暗。

乐：yuè，五声、八音总称；另读作 lè。
采：cǎi，摘取；另读作 cài。
槎：chá，斜砍。
析：xī，劈开木头；另义断折。
休：xiū，休息。
枭：xiāo，不孝顺的鸟。
朽：xiǔ，腐烂。
村：cūn，村庄。
杭：háng，地名。
相：xiàng，察看。
束：shù，捆绑。
集：jí，群鸟聚集在树上。
焚：fén，烧田。

特殊字例

1. "杀、杂、杰、亲、彬、橐"中的"木"为组字偏旁（省形）的部件，在字中没有独立意义。

杀：shā，杀戮。
杂：zá，五彩相合。
杰：jié，才智出众的人。
亲：qīn，亲近。
彬：bīn，文质兼备的样子。
橐：tuó，口袋。

2. "渠、禁、郴"的"木"是它们声旁"榘（省形）、林、林"的部件，与木的意义无关。

渠：qú，水停居的地方。
禁：jīn，有关吉凶之事的避忌。
郴：chēn，桂阳郡的县名。

3. "樊"中的"木"是意符"棥(fán)"的部件，在字中没有独立意义。

樊：fán，笼子。

三、禾部

字形演变

【禾 hé】

部首解析

《说文解字·禾部》："禾，嘉谷也。二月始生，八月而孰，得时之中，故谓之禾。禾，木也。木王而生，金王而死。从木，从𠂹省。𠂹象其穗。凡禾之属皆从禾。"（译文：禾，美好的谷子。二月开始发芽生长，到八月成熟，得四时中和之气，所以叫它禾。禾是木属。春天木旺就生长，秋天金旺就死去。由木、由𠂹省形构成。下垂的像它的谷穗。大凡禾的部属字都跟禾的意义相关。）

甲骨文、金文"禾"像谷穗下垂之形。《说文》认为，禾二月始生，八月而熟，得四时中"和"之气，故音读为 hé。这种取声音相同或相近的字来解释字词音义的现象，在训诂学上称为"声训"。本义指良好的谷子，泛指谷类作物。现代汉字中，"禾"作偏旁组字时写作"禾"（捺变点）。"禾"作意符构组的字，大多与种植、庄稼生长情况、名称、组成及状态、收割、成熟、积储等相关。

归类识字

1.表示种植。

稼：jià，种植五谷。

穑：sè，收获谷物。

种：zhòng，播种。

稚：zhì，幼小的禾。

2.表示庄稼生长情况。

秀：xiù，谷物抽穗扬花。

稠：chóu，禾多而密。

稀：xī，稀疏。

秧：yāng，禾苗叶多的样子。

稍：shāo，谷物长出而渐进。

秽：huì，荒废，长满野草。

3.表示庄稼名称。

穆：mù，禾名。

私：sī，禾名。

稷：jì，稷谷。

秫：shú，黍。

稻：dào，稻谷的通称。

稗：bài，似禾而别于禾。

秦：qín，禾名；另义伯益的后裔被封的国名。

4.表示庄稼组成及状态。

移：yí，禾随风摇摆。

颖：yǐng，禾穗末端。

穗：suì，禾成熟抽穗。

秒：miǎo，禾芒。

秆：gǎn，禾茎。

稿：gǎo，禾秆。

委：wěi，逶迤。

5.表示庄稼收割、成熟、积储。

积：jī，积聚谷物。

秩：zhì，聚积。

稞：huà，匀净谷子；今读作 kē。

稃：fū，谷壳。

秸：jiē，去皮禾秆。

秕：bǐ，不成粟米的瘪谷。

穰：ráng，已脱粒的黍秆。

稔：rěn，百谷成熟。

稣：sū，把取禾秆的皮。

秋：qiū，百谷成熟。

利：lì，锋利。

秉：bǐng，禾把、禾束。

稳：wěn，踩践聚集的谷粒。假借为安稳。

6.表示粮食用途。

租：zū，按田亩收敛谷税。

税：shuì，按田亩收敛谷物。

秣：mò，喂马的谷饲料。

香：xiāng，五谷的香。

7.表示称量。

称：chēng，测量物体的轻重。

科：kē，程品等级。

程：chéng，为众多事物确立的程度等级。

秭：zǐ，万亿。

秤：chèng，衡量轻重的器具。

8.表示草木。

秘：mì，一种香草。

秾：nóng，花木繁盛。

稂：láng，草名。

特殊字例

1."秃、和、盉"中的"禾"作为声旁，表示读音。

秃：tū，头顶无发。

和：hè，声音相和。

盉：hé，调味器具。

2."季、嵇、穈"中的"禾"是它们的声旁"稚、稽、囷"省形而来，在字中没有独立意义。

季：jì，年少者的称呼。
嵇：jī，嵇山。
麇：jūn，獐子。

3."乘、稽"中的"禾"是由其他字(物)形演变而来的，与禾的意义无关。

乘：chéng，登，升。
稽：jī，留止。

4."頹、黎、黏、馥"中的"禾"是意符"秃、黍、黍、香"的部件，在字中没有独立意义。

頹：tuí，秃貌。
黎：lí，粘鞋子的粟米糊糊。
黏：nián，糊物使之胶着。
馥：fù，香气。

四、竹（⺮）部

字形演变

【竹 zhú】

甲　金　篆　隶　楷

部首解析

《说文解字·竹部》："竹，冬生艸也。象形。下垂者，箁箬也。凡竹之属皆从竹。"（译文：竹，经冬不死的草。象形字。两边下垂的笔画，表示笋壳。大凡竹的部属字都跟竹的意义相关。）

甲骨文、金文"竹"像竹叶下垂之形。本义是竹子。因竹子多做乐器、竹简，故引申为乐器、书籍，如丝竹、竹素。竹常年碧绿，四季挺立，与松、梅被誉为"岁寒三友"。现代汉字中，"竹"作偏旁组字时常在字的上方，写作"⺮"，称竹字头。"竹"作意符组构的字，大多与竹名、竹的生长、组成部分，及书写、竹器、乐器等相关。

归类识字

1.表示竹名。

箭：jiàn，可用来作矢的箭竹。
筱：xiǎo，箭竹之类。
笆：bā，棘竹。
竺：zhú，竹。
筇：qióng，古书上说的一种竹子，可以做手杖。

2.表示竹的生长。

笋：sǔn，竹笋新生土中。
篁：huáng，竹田。
笑：xiào，竹迎风弯曲如人笑，故作喜悦义。
第：dì，次第，次序。
筋：jīn，筋力。
簇：cù，小竹丛生。
箐：qìng，山间的大竹林。
簌：sù，茂密的样子。

3.表示竹的组成部分。

箬：ruò，竹皮。
笨：bèn，竹子的里层。
筠：yún，竹皮。

4.表示与书写有关。

篆：zhuàn，运笔书写。
籀：zhòu，读书。
篇：piān，书册。
籍：jí，户口册。
简：jiǎn，用于书写的狭长竹片。

簿：bù，简册。
等：děng，整齐的竹简。
笺：jiān，表明、识别的文字。
符：fú，取信之物。
筮：shì，《易经》占卜用的蓍草。
笔：bǐ，毛笔。
签：qiān，标识、标签。
笏：hù，古代大臣朝见君主时所执的手板，用以记事。

5.表示与竹器相关。

笄：jī，簪子。
笮：zuó，帘状构件。
箦：zé，床上的竹编铺板。
筵：yán，铺在地面的竹席。
簟：diàn，竹席。
筛：shāi，筛子，一种竹器。
箅：bì，甑内障蔽工具。
筲：shāo，盛饭用的竹器。
笥：sì，盛饭食或盛衣物的竹器。
箪：dān，圆形的盛饭或盛衣的竹器。
箸：zhù，饭时取物的筷子。
篓：lǒu，竹编的笼子。
篮：lán，大烘笼。
篝：gōu，竹笼，可用来熏干衣服。
簋：guǐ，盛黍稷的方形器皿。
笾：biān，竹编的形状如豆的食器。
簏：lù，竹编的高箱笼。
笼：lóng，运土的竹器。
篼：dōu，喂马用的竹器。
笠：lì，斗笠。
箱：xiāng，大车的车厢。
策：cè，马鞭。
笪：dá，鞭挞。
笞：chī，鞭打。
箴：zhēn，缝衣针。
筹：chóu，投壶用的箭。

笓：bì，篱笆。
算：suàn，计数。
篦：bì，疏导鬓发。
篙：gāo，撑船的竹竿。
箕：jī，簸箕。
筐：kuāng，盛物竹器。
筏：fá，筏子。
笞：dá，竹索。
筷：kuài，筷子。
箩：luó，竹制的盛器。
篷：péng，车船等用以遮蔽风雨和阳光的工具。
篱：lí，笊篱，竹器。
笈：jí，竹书箱。
笕：jiǎn，引水长竹管。
笊：zhào，笊篱。
笸：pǒ，竹器。
笤：tiáo，笤帚。
筌：quán，捕鱼的竹器。
笆：pá，笆子。
箍：gū，用竹篾捆束东西。
箧：qiè，小箱子。
箔：bó，竹帘子。
箢：wǎn，竹器。
篑：kuì，盛土竹筐。
篾：miè，薄竹片。
籪：duàn，渔具。
簪：zān，簪子。

6.表示与乐器相关。

竿：gān，挺直的竹管。
竽：yú，管乐，三十六簧。
笙：shēng，管乐，十三簧。
簧：huáng，笙管中用以振动发声的薄叶片。
箫：xiāo，长短不等的竹管乐器。
筒：tǒng，无底的洞箫。

籁：lài，三孔的管乐。
管：guǎn，像籈，六孔。
笛：dí，七孔竹管乐器。
筑：zhù，五弦的乐器。
筝：zhēng，拨弦的、像筑身的乐器。
笳：jiā，胡笳。
箜：kōng，箜篌。
篌：hóu，箜篌。
篥：lì，觱篥。
篪：chí，管乐器。

特殊字例

1. "篡、纂"中的"竹（⺮）"是它们声旁"算"的部件，在字中没有独立意义。

篡：cuàn，非法地夺取。
纂：zuǎn，赤色的丝带。

2. "簸"中的"竹（⺮）"是其形旁"箕"的部件，在字中没有独立意义。

簸：bǒ，簸扬谷米，去掉糠秕。

3. "笃"中的"竹（⺮）"作为声旁，表示读音，与竹的意义无关。

笃：dǔ，马行迟顿。

五、米部

字形演变

【米 mǐ】

部首解析

《说文解字·米部》："米，粟实也。象禾实之形。凡米之属皆从米。"（译文：米，米粟的籽实。像禾籽实的形状。大凡米的部属字都跟米的意义相关。）

古文字"米"像米粒琐碎纵横之状。本义指谷类作物去壳后的籽实。泛指像米粒状的食物，如花生米、玉米。"米"作意符构组的字，大多与米的类别、米类食物及米的特性等相关。

归类识字

1.表示与米的类别相关。

梁：liáng，粟米名。
粲：càn，精米。
粝：lì，粗糙的米。
精：jīng，拣择米粒。
粗：cū，糙米。
粒：lì，米粒。
粮：liáng，谷物。
粹：cuì，精米。
粟：sù，粟子，谷子。
籽：zǐ，种子。
糙：cāo，没有精碾的粗米。
糠：kāng，谷皮。
糯：nuò，一种稻米。
籼：xiān，籼稻。
粞：xī，碎米。
粿：guǒ，净米。

2.表示米类食物。

糁：sǎn，用米掺和着肉菜羹汁；另读 shēn。
糜：mí，粥。
糟：zāo，酒滓。
糗：qiǔ，炒熟的米麦。

糅：róu，杂饭。

粕：pò，糟粕，酒滓。

粽：zòng，用苇叶裹糯米做成的多角形的食品。

糖：táng，像饴类的甜食。

粥：zhōu，稀饭。

糊：hú，稠粥。

糕：gāo，用米、面等制成的食品。

粑：bā，饼类食物。

糌：zān，糌粑。

糍：cí，一种用江米做成的食品。

鬻：yù，粥。假借为卖。

3.表示与米的特性相关。

粉：fěn，敷面的粉末。

粘：nián，有黏性；另读作 zhān。

籴：dí，买进粮食。

糨：jiàng，糨糊。

特殊字例

1."类（類）、粼"中的"米"是它们的声旁"頪、㷠"的部件，在字中没有独立意义。

类：lèi，种类。

粼：lín，山石间水流清澈。

2."屎、粪"中"米"是由其他字（物）形演变而来，与米的意义无关。

屎：shǐ，大便。

粪：fèn，扫除。

3."粤"中的"米"是其意符"寀"的部件，在字中没有独立意义。

粤：yuè，助词。

六、食（饣）部

字形演变

【食 shí】

甲 金 篆 隶 楷

部首解析

《说文解字·食部》："食，一米也。从皀，亼声。或说亼皀也。凡食之属皆从食。"（译文：食，聚集的米。"皀"作形旁，"亼"作声旁。另一义说，食由亼、皀会意。大凡食的部属字都跟食的意义相关。）

甲骨文、金文"食"像一盛食物的容器形，上为器盖，两侧的小点像食物冒出的热气。本义指饭食。引申指粮食、食品等。现代汉字中，"食"组字时常写作"饣""飠"，称"食字旁"。"食"作意符组构的字，大多与制作食物、食物的种类以及进食情形等相关。

归类识字

1.表示与制作食物相关。

馏：liù，蒸饭。

饪：rèn，煮得烂熟。

饊：sǎn，煮熬糯米。

馇：chā，熬东西时边煮边搅。

132 部首识字

2.表示与食物的种类相关。

饔：yōng，熟食。

饴：yí，米芽煎熬成的糖浆。

饧：xíng，饴糖和糯米粉熬成的糖。

饼：bǐng，用面粉制成的扁圆形的食品。

饭：fàn，煮熟的谷类食物。

飧：sūn，晚饭。

馑：jǐn，蔬菜和野菜都吃不上。

饵：ěr，粉饼。

饺：jiǎo，水饺。

馅：xiàn，包在面食或点心等食品里面的肉、菜、糖等。

馍：mó，面制食品。

馒：mán，馒头。

饨：tún，馄饨。

饩：xì，赠送人的谷物。

饸：hé，饼。

饹：le，饸饹；另读作 gē。

饽：bō，面饽。

馃：guǒ，饼。

馄：hún，馄饨。

馊：sōu，食物经久变味。

馐：xiū，美味的食品。

馕：náng，一种烤制的面饼。

3.表示与进食情形相关。

餐：cān，吞吃。

饷：xiǎng，给别人送饭。

馈：kuì，给别人送饭。

飨：xiǎng，乡人相聚宴饮。

饱：bǎo，吃饱。

饶：ráo，饱。

饯：jiàn，用酒食送行。

馆：guǎn，接待宾客的房屋。

饕：tāo，极贪欲；极贪财。

餮：tiè，贪食。

馁：něi，饥饿。

饥：jī，荒年，五谷无收。

饿：è，严重的饥饿。

饮：yǐn，喝。

蚀：shí，皮肉败坏而成疮。

饲：sì，喂食。

馋：chán，贪食。

饫：yù，宴食。

馔：zhuàn，陈设或准备食物。

餍：yàn，吃饱。

特殊字例

"饰、饬"中的"食（饣）"作为声旁，表示读音，与食的意义无关。

饰：shì，刷拭。

饬：chì，修整、整治。

第十章　天文类

部首	起源物象	象形文字	孳乳字例 《说文解字》该部所辖	孳乳字例 《新华字典》检字表该部所辖	特殊字例
日			旻时早旸昧晰昭晤晃旷旭晋晏景旰暑昃晚昏暗晦旱昂曩昨暇暂昌旺昱暑显暴晒晞昔昵昆普晓昕昉晟昶晕映曙昙昂	旦旬明春是星晌晨晴晶晾暖暮曝杳昊呆炅昀晁晡晗暄暌暧暝暨暾曛曜曦	旧旨者易曹曼替最量智旮旯旭昝曷昝
月			朔霸朗期朦胧	望朝	
雨			雷霆震雪霄霰雹零霖霁露霜雾霾霓雩需霞霏霎霭	雳霉霍霹雯雰霈霏霨	霸
火（灬）			燚然燔烧烈煦炭灰炱煨熄炊烘熹煎熬炮爆炀烂熨炙灼炼烛熜烬焚燎焦灾烟炳焯照炜熠煜煌焜炯烨焰炫热炽燠灵炕燥焘烜烽燨熙煸烙烁灿焕	灭灶灵炬炒炎炉荧点炸烤烦烫烹焊煮黑煤熏熔熟燃炖炘炝炔炻烀炷烃烩烊焐烯焓焖烷焗焙焱煲煳煅煊煸煺熘熥熵燏燧燮	杰羔焉蒸煞熊燕黑

一、日部

字形演变

【日 rì】

○ 甲　⊝ 金　⊜ 篆　日 隶　日 楷

部首解析

《说文解字·日部》："日，实也。太阳之精不亏。从囗一。象形。凡日之属皆从日。"（译文：日，光明盛实。太阳的精华不亏损。由囗、一会意。象形字。大凡日的部属字都跟日的意义相关。）

古文字"日"像一轮太阳，外面的圆像太阳轮廓，里面的点或横表示太阳发光的中心。本义指太阳。后专指白昼，引申为时候、时代、日子等义。"日"作意符组构的字，大多与时间、时光，光明、光线、天气、天象等相关。

归类识字

1.表示与时间、时光相关。

旻：mín，秋天。
时：shí，四时。
早：zǎo，早晨。
昧：mèi，将明之际。
旰：gàn，天晚。
晚：wǎn，日暮。
昏：hūn，太阳落山的时候。
晦：huì，月终的一天。
曩：nǎng，从前。
昨：zuó，昨日，上一天。
暇：xiá，空闲。
暂：zàn，短时间。
昱：yù，明天。
昵：nì，一天天亲近。
昆：kūn，一起，共同。
晓：xiǎo，天明。
昶：chǎng，白天时间长。
曙：shǔ，天亮。
旦：dàn，天明。
旬：xún，十日为一旬。
春：chūn，四季之首。
晌：shǎng，正午或午时前后。
暮：mù，傍晚。
晡：bū，申时，即下午三时至五时。
晗：hán，天将明。
暌：kuí，日落。
晁：cháo，早晨。

2.表示与光明、光亮相关。

旸：yáng，日出。
晰：xī，光亮。
昭：zhāo，太阳明亮。
晤：wù，明。
晃：huǎng，明晃。
旷：kuàng，明朗。
旭：xù，太阳初出的样子。
晋：jìn，上进。
景：jǐng，日光。
晷：guǐ，日影。
昃：zè，太阳西斜。
暗：àn，太阳没有光亮。
昌：chāng，光明。
旺：wàng，光明旺盛。
显：xiǎn，众物微小。

暴：bào，晒；另读作 pù。
晒：shài，晒干。
昔：xī，干肉。
普：pǔ，太阳没有光色。
昕：xīn，天明，太阳将要出来了。
昉：fǎng，光明。
晟：shèng，光明。
映：yìng，日月照耀。
昂：áng，抬头仰望。
暨：jì，旭日略微呈现。
明：míng，明亮。
是：shì，正，不偏斜。
晶：jīng，光亮、明亮。
晾：liàng，晾晒。
曝：pù，晒。
杳：yǎo，幽暗。
昊：hào，广大无边。
炅：jiǒng，光芒外现。
杲：gǎo，明亮。
昀：yún，日光。
曖：ài，昏暗不明的样子。
暝：míng，天色昏暗。
暾：tūn，刚出的太阳。
曛：xūn，日落时的余光。
曜：yào，日光、光芒。
曦：xī，日色、日光。

3.表示与天气、天象相关。

晏：yàn，天空晴朗。
旱：hàn，久不下雨。
昴：mǎo，白虎七宿的中星。
暑：shǔ，炎热。
晞：xī，干燥。
晕：yùn，日月周围形成光圈。
昙：tán，云气密布。
星：xīng，星星。
晨：chén，星名，即房星。

晴：qíng，雨止无云，天气晴朗。
暖：nuǎn，温度不冷也不热。
暄：xuān，温暖。

特殊字例

1."旧、旨、者、易、曹、曼、替、最、智、沓、曷、昝"中"日"是由其他字（物）形演变而来的，与日的意义无关。

旧：jiù，鸟名。
旨：zhǐ，味美。
者：zhě，虚词。
易：yì，蜥易。
曹：cáo，古代指诉讼的原告和被告，即两曹。
曼：màn，长。
替：tì，废弃。
最：zuì，冒犯夺取。
智：zhì，聪明。
沓：tà，话多像水流。
曷：hé，何、什么。
昝：zǎn，姓。

2."晃、旮"中的"日"结构不明。

旯：lá，角落。
旮：gā，角落。

3."量"中的"日"是其声旁"䵺（省形）"的部件，在日的意义无关。

量：liáng，称轻重；另读作 liàng。

二、月部

字形演变

【月 yuè】

𠁣 甲　𠂆 金　𠂆 篆　月 隶　月 楷

部首解析

《说文解字·月部》:"月,阙也。大阴之精。象形。凡月之属皆从月。"(译文:月,亏阙。太阴的精华。象形字。大凡月的部属字都跟月的意义相关。)

甲骨文、金文"月"像半月之形。本义指月亮。因月亮盈亏的周期为29日左右,故称这一周期为月。"月"组字时常在字的右边,称"月字旁",个别"月"在字的左边(参见肉部)。按照汉字部首归部规范,现代字典将"肉(月)"组构的字也列入了"月"部,识字时应注意区分。"月"作意符组构的字,大多与时光、月光等相关。

归类识字

1.表示时光。

朔:shuò,月亮在初一开始复生。

霸:bà,月亮开始呈现,旁有微光似的。

期:qī,约会。

朝:zhāo,早晨;另读作 cháo。

2.表示月光。

朗:lǎng,明亮。

朦:méng,月光朦胧不明。

胧:lóng,朦胧。

望:wàng,远望。

三、雨部

字形演变

【雨 yǔ】

𠕒 甲　雨 金　雨 篆　雨 隶　雨 楷

部首解析

《说文解字·雨部》:"雨,水从云下也。一象天,冂象云,水霝其间也。凡雨之属皆从雨。"(译文:雨,水从云中降下。一像天,冂像云,霝像水从天空云彩间滴落下来。大凡雨的部属字都跟雨的意义相关。)

"雨"像雨滴下落状。本义指从云层中降向地面的水。引申为恩泽之义。"雨"作意符组构的字,大多与雷电、雨雪、云气等相关。

归类识字

1.表示与雷电相关。

雷:léi,云层放电时发出的巨响。

霆:tíng,雷的余声铃铃地响。

震:zhèn,霹雳,使万物振动的疾雷。

雳:lì,霹雳。

霹:pī,响声极大的雷。

2.表示与雨雪相关。

雪:xuě,雨凝结成的颗粒,使万物喜悦的东西。

霄：xiāo，雪珠。
霰：xiàn，像小米颗粒一般的雪。
雹：báo，从天空降下的冰团。
零：líng，徐徐而下的雨。
霖：lín，下雨三天以上。
霁：jì，雨停止。
雩：yú，夏天祭祀，对着赤帝跳舞，用来祈求甘霖。
需：xū，等待。遇着雨，不前进，停在那里等待。
霏：fēi，雨雪很盛的样子。
霎：shà，小雨。
霍：huò，雨中鸟疾飞时发出的声音。
雱：pāng，雨雪下得很大的样子。
霈：pèi，大雨。
霪：yín，下了很久的雨。

3.表示与云气相关。

露：lù，露水。
霜：shuāng，白霜。
雾：wù，地气蒸发，天不应和。
霾：mái，风夹着尘土。
霓：ní，弯曲的虹，青赤色；有的是白色，是阴气形成的。
霞：xiá，早晚的彩云。
霉：méi，发霉。
雯：wén，成花纹的云彩。
霭：ǎi，云气。
霨：wèi，云彩兴起的样子。

特殊字例

"霸"中的"霝"是偏旁（声旁）"霸"的部件，在字中没有独立意义。

霸：bà，月亮开始呈现，旁有微光似的。

四、火（灬）部

字形演变

【火 huǒ】

㷭 甲　火 篆　火 隶　火 楷

部首解析

《说文解字·火部》："火，毁也。南方之行，炎而上。象形。凡火之属皆从火。"（译文：火，齐人叫毁。表示南方的一种物质，火光旺盛而向上。象形字。大凡火的部属字都跟火的意义相关。）

甲骨文"火"像火焰形。本义为物体燃烧所发的光、焰和热。引申指火把、火红、怒火等义，又引申为焦急义，如火速、十万火急。"火"在现代汉字中常处于字的下方，写作"灬"，称"横四点"。"火"作意符组构的字，大多与燃烧、火的用途及特性等相关。

归类识字

1.表示燃烧。

燹：xiǎn，火。
然：rán，燃烧。
燃：rán，燃烧。
燔：fán，焚烧。
烧：shāo，使物着火。
烈：liè，火势猛。

煦：xù，温暖、暖和。
炭：tàn，烧木不尽之余。
灰：huī，已熄灭的火剩下的灰烬。
烬：jìn，物体燃烧后的剩余部分。
炱：tái，烟灰。
煨：wēi，盆中的火。
熄：xī，火熄灭。
灾：zāi，天火、火灾。
烟：yān，物质燃烧时产生的气状物。
焰：yàn，火苗。
炽：chì，火旺盛。
煽：shān，扇风促火旺盛。
黑：hēi，被火熏成的颜色。
熏：xūn，火烟向上冒。
点：diǎn，小黑。
煤：méi，烟尘。
炘：xīn，炙、烧。
炔：guì，冒烟的样子；另读作 quē。
烃：tīng，焦臭。
烷：wán，有机化合物。
烜：xuǎn，火旺。
焓：hán，热学名词。
烽：fēng，烽火。
熵：shāng，热学名词。

2.表示火的用途。
炊：chuī，烧火做饭。
烘：hōng，烘烤。
熹：xī，烤炙。
煎：jiān，有汁而熬干。
熬：áo，用火煎致干。
炮：páo，连毛在一起烧烤肉。
爆：bào，火焰飞扬，有所炙灼。
炀：yàng，烘烤并使干燥。
烂：làn，食物烂熟。
熨：yùn，从上按压下面，伸展缯帛。
灸：jiǔ，用艾火烧灼。

灼：zhuó，烧、灸。
炼：liàn，销熔并提纯金属。
烛：zhú，插在庭院中或门外的火炬。
熜：zǒng，点燃麻杆捆扎成的火炬。
焚：fén，烧田。
燎：liáo，放火焚烧草木。
焦：jiāo，被火烧伤。
炕：kàng，用火烘烤干。
燥：zào，用火烘烤干。
爝：jué，烧苇草以袚除不祥。
焘：dào，日月所照，覆盖普天之下。
熙：xī，曝晒并使干燥。
烙：lào，烧灼；另读作 luò。
燮：xiè，调和。
灶：zào，生火做饭的设备。
炬：jù，火把。
炒：chǎo，煎炒、火干。
炉：lú，火炉。
炸：zhà，突然破裂；另读作 zhá。
烩：huì，一种烹饪方法。
烫：tàng，以热水温物。
烹：pēng，烧煮。
焊：hàn，用火烤干。
煮：zhǔ，把东西放在有水的锅里加热使熟。
烤：kǎo，用火烘熟或烤干。
熔：róng，冶炼的方法。
熟：shú，食物烹煮到可吃的程度。
炝：qiàng，一种烹饪方法。
炻：shí，炻器。
烀：hū，半蒸半煮，把食物弄熟。
炷：zhù，灯蕊。
烊：yáng，金属熔化。
焐：wù，用热使暖和、变干。
焖：mèn，紧盖锅盖，用微火把饭菜煮熟。

焗：jú，一种烹饪方法。

焙：bèi，微火烘烤。

煳：hú，烧得焦黑。

煸：biān，把菜肴放在热油里炒到半熟，以备再加作料烹。

熥：tēng，用火给物加热。

煺：tuì，宰杀的猪、鸡等，用滚水烫后去毛。

煲：bāo，用慢火熬煮食物。

煅：duàn，打铁、锤击。

熘：liū，一种烹调法，跟炒相似。

燧：suì，古代取火器具。

犒：kào，一种烹饪方法。

3.表示火的特性。

炳：bǐng，明亮。

焯：zhuō，明亮；另读作chāo。

照：zhào，光明。

炜：wěi，盛大的红色。

熠：yì，盛大的光亮。

煜：yù，炽盛的光亮。

煌：huáng，光辉。

焜：kūn，辉煌。

炯：jiǒng，光明。

烨：yè，火盛、明亮。

炫：xuàn，光耀。

热：rè，温暖。

燠：yù，蕴热在里面。

炅：jiǒng，光芒外现。

烁：shuò，灼烁，发光的样子。

灿：càn，灿烂。

焕：huàn，火光。

灭：miè，火熄。

炎：yán，火光上腾。

荧：yíng，光微弱的样子。

烦：fán，身热头痛。

灵：líng，小热。

炖：dùn，火旺盛。

烯：xī，火色。

焱：yàn，光华、光焰。

煊：xuān，温暖。

🔖 特殊字例

1."杰、焉、煞、燕"中的"火（灬）"是由其他字（物）形演变而来的，与火的意义无关。

杰：jié，才智出众的人。

焉：yān，焉鸟。

煞：shà，极、很；另读作shā。

燕：yàn，鸟名。

2."羔、烝、熊"中的"火（灬）"是它们的声旁"炎、丞、照"的省形，与火的意义无关。

羔：gāo，小羊。

烝：zhēng，去皮的麻中秆。

熊：xióng，动物名。

3."罴（羆）"中的"火（灬）"是其形旁"熊"的部件，在字中没有独立意义。

罴：pí，一种熊。

第十一章　地理类

部首	起源物象	象形文字	孳乳字例《说文解字》该部所辖	孳乳字例《新华字典》检字表该部所辖	特殊字例
土			地坤垓坡坪均壤垆填块塍基垣圪堵壁埒堪堂垛坫垩堙埽在坐填坦堤封墨垸型埘城埔堞坎垫坻增坤塞圣埵培垠垒圮埋堑埂圹压坷圻埃垢坏坯垤棚垩墓坟垄坛场圭圯垂堨境墊垦塘坳坠塔坊	圾至尘址坝坑坚里垃垮埋域堆埠崎堕堰堡塌塑墙墟墅墩疆圩圬圻坂坍坞垄坩坨坭垭垱垌垧堡埔埕埙埚埯埝块堉埭塄塬墁墒墅雍壕壑	去寺考幸袁臻
石			矿砀碣砾磺碑磕确硗磬碍碎破砻研磨碓砚砝磊砺矶碌砧砌	矶码岩砖砂泵砍砸砰础硅硬硝硫碘碰碗碟碱碳磁磅碾礁磷矸砗砘砒砜砝砹砷砟砼砥砣砺砭硒硖硐硇硌硼碉碚碇碜磅碴碲磋磙碡礅礓礤	硕斫磔
山			岳岱岛峄崤嶷岷纪岑峦密岫峻崛峰岩嵯峨嵘峣崇崔嶙峋岌峤嵌屿岭岚嵩嵇	屹岖岔岗岸峡幽峭崖崩巅巍岐岈岘岢岢岬峋峁峙峒峥崂崃峪崚崦岗嵴崆嵖崴崽嵬嵛嵝嶒嵋嵊嵴嶂嶝豳巇	出岁岂炭

续表

部首	起源物象	象形文字	孳乳字例 《说文解字》该部所辖	孳乳字例 《新华字典》检字表该部所辖	特殊字例
阜（阝左）			陵阴阳陆阿陂阪陬隅险限阻隗陋陟陷隰队降陨陀防陉附隔障隐隈陇陕阮陈陶除阶陛陔际隙陪隍陲院阡	阵陌陡隆隘隧阰	隋堕随隳
邑（阝右）			邦郡都邻鄙郊邸郭鄯郃郿郁扈郝酆郑邮部邱郯郓邶邵郤郏邢邬祁邺郸邯郇到郾邾邓郢鄢鄂邾郧鄱邲鄂鄘郴鄄邴部鄄邛邹郎邛邡郯邪耶郭邱鄌	邝邕	
水（氵）			河涪潼江沱浙湔沫温沮滇涂沅淹溺洮泾渭漾汉浪沔湟涝漆洛汝汾浍沁沽潞漳淇荡灌渐泠溧湘汨溱深潭油溜淮澧浑颍洧泄濮浽漯泡菏泗洹澶洙沭沂洋浊溉潍浯汶治浸渚济濡沽沛涞泥洞泗灂漠海溥洪衍潮滔渭混演涣泌活泫浏滂汪浩沆瀵滕澜波沧漂浮滥泓测湍淙激洞汹涌浑洌淑溶澄清湜渗润溷渊澹浔满滑泽淫溃浅淖浡涅滋洍沙濑浒浦泚沸派汜汀荥洼潢沼湖洫沟渎渠湄涧澳滩	永函佘汞尿汇污池汰沪法泪泊泻泼泵泉洲酒涉涡流涨涩添淌涪渔淘淀涮渣渤渺溅湃湾渲源滤溪漓滚滨漫澎澈濒汔汐汉沣沌泖汛汁	求鸿游黎

142 部首识字

续表

部首	起源物象	象形文字	孳乳字例《说文解字》该部所辖	孳乳字例《新华字典》检字表该部所辖	特殊字例
			汕滴注沃津渡沿溯洄泳潜淦泛泗湛溟没浃溟瀑澍潦涿泷沈沉涵涔渍沤泟渥洽浓泐滞渐汽涠消渴湿湫润汀洎汤涫渐溲浚沥漉潘泔滫淤淬湎浆淡浇液汁灏溢洒涤漱沧淬沐浴澡洗汲淳淋渫浣濯涑汛染泰潜汗泣涕渝漕泮漏萍汩泯漤泸潇瀛滁潺湲涛淑港潴浃洁溢涯	沩沓泖洱涎泺泇涟浜浠凇滟泚渌淄湉滟漭滢漍氿溴滏瀹滦溏濒漳㵚潋漪潋潵漱潟滩濂濛瀚灏	
仌(冫)			凛冻凌凋冬冶冷	冲决况净凄准凉弱凑减寒凝冽冼凇	习冯次
囗			团圆回图国圈囿园圃因囵圊囚固围困	囤囵囫啬圉圇	四卤囟囡
彳			德径往彼徼循微徐待很得律御	行彻役征徊衍徒徘徙街衙衔彷徂徇徉徕徜徨徭衢	衡徵

一、土部

字形演变

【土 tǔ】

○ 甲　♁ 金　土 篆　土 隶　土 楷

部首解析

《说文解字·土部》："土，地之吐生物者也。二象地之下、地之中，物出形也。凡土之属皆从土。"（译文：土，吐生万物的介质。"二"像地的下面和地的中间，"｜"像万物从土地里长出的形状。大凡土的部属字都跟土的意义相关。）

甲骨文、金文"土"像隆起的土堆，上为土块，下为地面。本义指泥土、土壤。引申为土地、疆域义，又引申为乡土、本土义。土又是五行之一。"土"作意符组构的字，大多与土地、地方、地形、地貌，田地、耕种，土木建筑，器物，墓穴，祭场等相关。

归类识字

1.表示与土地、地方相关。

地：dì，大地。
坤：kūn，地，土地。
垓：gāi，兼备八方所到之地。
垠：yín，地的边界；另义岸。
陲：chuí，遥远的边界。
埸：yì，疆界。
境：jìng，疆界。
域：yù，天子诸侯所守土为域。
坊：fāng，城市里巷之名。
里：lǐ，居住的地方。
疆：jiāng，界限、边界。
圻：qí，地界。
坭：ní，地名。
坨：tuó，地名。
垭：yā，地名。

2.表示与地形、地貌相关。

坡：pō，斜坡。
坪：píng，平坦的地方。
均：jūn，平均、普遍。
壤：rǎng，柔软的土。
垆：lú，刚硬的土。
埴：zhí，黄色而如膏脂细腻的土。
块：kuài，土块。
堪：kān，地面突起的地方。
坎：kǎn，低陷的地方。
垫：diàn，下陷。
坻：dǐ，小水洲。
增：zēng，添益。
埤：pí，增加。
培：péi，加厚。
垛：duǒ，坚硬的土。
堑：qiàn，坑；另义大。
埂：gěng，秦叫坑作埂。
坷：kē，坎坷不平。
坯：pī，一重的山丘；另义土器没有经过烧制。
埃：āi，灰尘。
垤：dié，蚂蚁堆在洞口的小土堆。
坳：ào，地不平。
至：zhì，到达。
尘：chén，鹿群行扬起尘土。

坑：kēng，地面上凹下去的地方。
坚：jiān，泥土坚硬。
堆：duī，集聚的土。
崎：qí，崎岖。
墟：xū，大土山。
墩：dūn，平地有土堆。
坂：bǎn，斜坡。
坌：bèn，尘埃。
埔：pǔ，平坦的地方；另读作 bù。
堉：yù，肥沃的土壤。
塬：yuán，高地。
壕：háo，护城河。
壑：hè，深沟。

3.表示与田地、耕种相关。

塍：chéng，田间的土埂。
在：zài，存在。
坐：zuò，止息。
填：tián，充塞。
坦：tǎn，行步安舒。
封：fēng，把土地按爵位的等级分封给诸侯。
圣：shèng，掘地。假借表示圣人之圣。
垦：kěn，用力耕治。
圩：wéi，低洼区防水护田的土堤。
圳：zhèn，田间水沟。
垧：shǎng，土地面积单位。
垱：dàng，为便于灌溉而筑的小土堤。
垌：dòng，田地。
垡：fá，耕地翻土。
埕：chéng，沿海一带饲养蛏类的田。
埯：ǎn，点播种子的小坑。
塄：léng，田地边上的小坡。
墒：shāng，新耕土。

4.表示与土木建筑相关。

基：jī，墙的起始部分。
垣：yuán，墙。
圪：yì，墙高大；今读作 gē。
堵：dǔ，墙垣。
壁：bì，墙壁。
埒：liè，矮墙。
堂：táng，有屋基的正室。
垛：duǒ，门堂两侧的房间。
坫：diàn，可为屏障的土台。
垩：è，涂墙的白色土。
墀：chí，涂饰地面。
墼：jī，未烧的砖坯。
埽：sǎo，弃除尘秽；另读作 sào。
堤：dī，阻滞。
坘：shí，鸡栖息在矮墙边。
城：chéng，都邑四周的墙垣，里面的叫城，外面的叫郭。
墉：yōng，城墙。
塞：sāi，边塞障隔；另读作 sài、sè。
堙：yīn，堵塞。
堞：dié，城墙上的齿状矮墙。
垒：lěi，军营中墙壁或建筑物。
圯：yí，桥。
塾：shú，门堂两侧的房间。
塘：táng，堤。
坠：zhuì，从高处落下来。
塔：tǎ，西域佛教释名为浮屠的建筑物。
圾：jī，危殆。
坍：tān，崩坍。
址：zhǐ，地基。
坝：bà，堤坝。
垮：kuǎ，倒塌、坍塌。
埠：bù，码头。
堡：bǎo，土筑的小城。

堰：yàn，堤坝。

塌：tā，倒、下陷。

墙：qiáng，房屋或园场周围的障壁。

墅：shù，田庐，村舍。

坞：wù，小障蔽物，防卫用的小堡。

堍：tù，靠近桥头两端的地方。

埝：niàn，用土筑成的小堤、土埂。

埭：dài，土坝。

墁：màn，墙壁上的涂饰。

壅：yōng，阻塞。

5.表示与器物相关。

埙：xūn，乐器。

墨：mò，用以书写的黑色颜料。

垸：yuàn，湖泊地带挡水的堤圩。

型：xíng，铸造器物的模子。

圮：pǐ，毁坏。

压：yā，崩坏。

坏：huài，破败。

坼：chè，裂开。

垢：gòu，浊秽物。

圭：guī，用作凭证的玉。

垃：lā，垃圾。

堕：duò，毁坏。

塑：sù，用泥土抟成人、物的形象。

圬：wū，泥镘。

坩：gān，土器。

埚：guō，土锅。

6.表示与墓穴、祭场相关。

圹：kuàng，墓穴。

堋：bèng，丧葬时把棺材下到墓穴里；今读作 péng。

茔：yíng，墓地。

墓：mù，坟墓。

坟：fén，坟墓。

垄：lǒng，坟墓。

坛：tán，用以祭祀的土台。

场：cháng，祭神的平地。

埋：mái，葬。

特殊字例

1."去、寺、考、幸、袁"中的"土"是由其他字（物）形讹变而来的，与土的意义无关。

去：qù，离开。

寺：sì，宫府、朝廷；有法制的地方。

考：kǎo，老年人。

幸：xìng，意外地免去灾害。

袁：yuán，衣服长的样子。假借为姓氏。

2."臻"是形声字，"至"作形旁，"秦"作声旁。其中的"土"是"至"的部件，在字中没有独立意义。

臻：zhēn，到达。

二、石部

字形演变

【石 shí】

石甲 石金 石篆 石隶 石楷

部首解析

《说文解字·石部》："石，山石也。在厂之下；口，象形。凡石之属皆从石。"（译文：石，山上的石头。在"厂"之下；

口像方、圆的石头的形状。大凡石的部属字都跟石的意义相关。）

甲骨文"石"左像山崖，右像脱落的石块。本义为岩石。泛指石材。亦指古人用于治病的石针。后又借作容量单位石（dàn），十斗为一石。"石"作意符组构的字，大多与石的类别、状貌、特性、功用及石制器物等相关。

归类识字

1.表示石的类别。

矿：kuàng，矿产、矿物。
砀：dàng，有花纹的石头。
砾：lì，细小的石头。
码：mǎ，玛瑙。
矾：fán，矾石。
砂：shā，砂粒。
硫：liú，硫磺石。
硝：xiāo，硝石。
碘：diǎn，非金属元素。
磁：cí，磁石。
碳：tàn，非金属元素。
礁：jiāo，江海中隐现于水面上下的岩石。
磷：lín，薄石。
砗：chē，砗磲。
砒：pī，砒霜。
砜：fēng，有机化合物。
硋：ài，非金属元素。
砷：shēn，砒霜。
砟：zhǎ，碎石。
砼：tóng，混凝土。
硭：máng，硭硝。
硒：xī，非金属元素。
硇：náo，硇砂。
硌：gè，山上大石。

硼：péng，硼砂。
碲：dì，非金属元素。
磲：qú，砗磲。
礅：dūn，粗大的整块石头。
礓：jiāng，砾石。

2.表示石的状貌、特性。

碣：jié，高耸独立的石头。
碛：qì，水渚中有石头的地方。
碑：bēi，竖立的石头。
磕：kē，石头声。
确：què，坚硬的石头。
硗：qiāo，坚硬的石头。
碎：suì，破碎。
破：pò，石头碎裂。
磊：lěi，众多的石头堆在一起。
矶：jī，突出水中激起水流的大石。
碌：lù，石头的样子。
岩：yán，山岩、山崖。
泵：bèng，石头落入水中的声音。
砰：pēng，石声。
硬：yìng，坚硬。
磅：páng，石落声；另读作 bàng。
矸：gān，山石貌。
砝：fǎ，坚硬。
硖：xiá，硖石。
碚：bèi，地名。
碜：chěn，食物里夹杂着沙子。
碴：chá，小碎块。
礴：bó，磅礴。

3.表示石制器物。

磬：qìng，可奏打击乐的石器。
磨：mó，石磨；又读 mò，研磨。
碓：duì，用脚舂米的器具。
砺：lì，磨刀石。
砧：zhēn，捣衣石。
砌：qì，台阶的堆砌。

础：chǔ，屋柱底下垫着的基石。
砖：zhuān，用黏土烧成的长方形块状建材。
碗：wǎn，凹形石制容器。
碟：dié，盛食品的小盘。
碾：niǎn，磙压、碾米的器具。
砘：dùn，轧地的农具，用石头做成。
砥：dǐ，磨刀石。
砣：tuó，碾轮石。
硎：xíng，磨刀石。
碉：diāo，石室。
碇：dìng，系船的石墩。
碡：zhóu，田器。
磙：gǔn，石制滚压器。
磴：dèng，石阶。

4.表示与石的功用相关。

硋：ài，阻止。
砻：lóng，磨砺。
研：yán，细磨。
砚：yàn，石性光滑。
砭：biān，用石针刺破皮肉治病。
砍：kǎn，砍斫。
砸：zá，打、捣。
硅：guī，划破。
碰：pèng，撞击。
碱：jiǎn，卤。
硐：dòng，磨。
磋：cuō，磨制。

特殊字例

"斫、硕、磔"中的"石"在字中作声旁，表示读音，与石的意义无关。

斫：zhuó，砍击。
硕：shuò，头大。
磔：zhé，撕裂。

三、山部

字形演变

【山 shān】

部首解析

《说文解字·山部》："山，宣也。宣气散，生万物，有石而高。象形。凡山之属皆从山。"（译文：山，宣畅。使地气宣通，散布各方，产生万物，有石构成而又高峻。象形字。大凡山的部属字都跟山的意义相关。）

甲骨文、金文"山"像山峰并立起伏之形。本义指地面上由土石构成的隆起部分。"山"作意符组构的字，大多与山名、山貌以及山中事物等相关。

归类识字

1.表示山名。

岳：yuè，山岳。
岱：dài，泰山。
岛：dǎo，海岛。
嶧：yì，嶧山。
嵎：yú，封嵎山。
嶷：yí，九嶷山。
岷：mín，岷山。
屿：yǔ，海中洲。

岚：lán，山名。
嵩：sōng，嵩山。
嵇：jī，嵇山。
岐：qí，山名。
岈：yá，嵖岈。
岘：xiàn，岘山。
崂：láo，崂山。
岣：gǒu，岣嵝山。
岢：kě，岢岚山。
峒：tóng，崆峒山。
崃：lái，山名。
崦：yān，崦嵫山。
崤：xiáo，山名。
崆：kōng，崆峒山。
嵖：chá，嵖岈山。
嵛：yú，嵛次山。
嵝：lǒu，山名。
嵫：zī，崦嵫山。
嵋：méi，峨眉山。
嵊：shèng，山名。
豳：bīn，山名。

2.表示山貌。
屺：qǐ，山上没有草木。
岑：cén，山小而高。
峦：luán，山小而锐峭。
密：mì，形状像堂屋的山。
峻：jùn，高。
崛：jué，山短而高。
嵯：cuó，山的样子。
峨：é，嵯峨。
峥：zhēng，高峻的样子。
嵘：róng，峥嵘。
崩：bēng，山土败坏塌裂。
峣：yáo，山高的样子。
崇：chóng，山高。
崔：cuī，山高大。

嶙：lín，嶙峋，深崖的样子。
峋：xún，嶙峋。
岌：jí，山高的样子。
峤：qiáo，山尖而高。
嵌：qiàn，山谷深的样子。
嵬：wéi，高而不平。
巍：wéi，高大。
屹：yì，山势直立高耸的样子。
岖：qū，山路不平的样子。
岔：chà，山脉分歧的地方。
峭：qiào，山高陡。
岿：kuī，小山丛列。
峙：zhì，屹立。
崚：líng，崚嶒。
崮：gù，四周陡削、山顶较平的山。
崴：wǎi，不平；另读作 wēi，崴嵬。
嶂：zhàng，高险像屏障的山。
巉：chán，高险、险峻。

3.表示与山中事物相关。
岗：gāng，山的脊梁。
岫：xiù，山的洞穴。
峰：fēng，山的顶端。
岩：yán，山岩、山崖。
岭：lǐng，山道。
岸：àn，水边高出的地方，即河岸。
崖：yá，高峭的山边。
峡：xiá，两山夹着的水道。
幽：yōu，隐藏。
巅：diān，山顶。
岬：jiǎ，两山之间。
峁：mǎo，小山包。
峪：yù，山谷。
崽：zǎi，儿子。
嵴：jǐ，山脊。
嶝：dèng，登山的小路。

特殊字例

1. "出、岁"中的"山"是由其他字（物）形演变而来的，与山的意义无关。

出：chū，出去、出来。

岁：suì，木星。

2. "岂、炭"中的"山"是它们的声旁"微（省形）、岸（省形）"的省形，与山的意义无关。

岂：kǎi，回师时献功之乐；今读作 qǐ。

炭：tàn，木炭。

四、阜（阝左）部

字形演变

【阜 fù】

甲 篆 简 隶 楷

部首解析

《说文解字·阜部》："阜，大陆，山无石者。象形。凡阜之属皆从阜。"（译文：阜，大面积的又高又平的土地，是没有石头的土山。象形字。大凡阜的部属字都跟阜的意义相关。）

古文字"阜"像山岗边供人拾级而上的台阶形。本义指高而上平的土山。"阜"组字时常在左侧，汉代简书演变为"阝"形，现代汉字中称其为"左耳刀"。"阜"作意符组构的字，大多与土山、山坡，山势、山貌，土木建筑及地名等相关。

归类识字

1.表示土山、山坡。

陵：líng，大土山。

阴：yīn，幽暗。水的南面，山的北面。

阳：yáng，山丘高耸；水的北面，山的南面。

陆：lù，高而平的土地。

阿：ā，大土山。

陂：bēi，山坡；另读作 pí、pō。

阪：bǎn，山坡。

陬：zōu，山坡的角落。

隅：yú，山、水弯曲边角处。

隰：xí，山坡下低湿的地方。

附：fù，小土山。

陇：lǒng，天水郡大山坡。

2.表示山势、山貌。

险：xiǎn，险峻和阻隔。

限：xiàn，阻隔。

阻：zǔ，险峻。

隗：wěi，高峻不平。

陋：lòu，狭隘。

陟：zhì，升登。

陷：xiàn，从高处陷入低下。

队：duì，从高处坠落下去。

降：jiàng，下降。

陨：yǔn，从高处落下。

陉：xíng，山脉中间断绝成为陷坑。

隔：gé，障隔。

障：zhàng，阻隔。

隐：yǐn，隐蔽。

隈：wēi，水边弯曲的地方。

陪：péi，重叠的土堆。

陲：chuí，山势垂危。
阡：qiān，田间南北向的界路。
陌：mò，阡陌。
隆：lóng，盛大、高。
陡：dǒu，山势陡峭。
隘：ài，狭窄。
阱：jǐng，捕野兽用的陷坑。
陀：tuó，倾斜不平。

3.表示与土木建筑相关。
防：fáng，堤坝。
除：chú，宫殿的台阶。
阶：jiē，台阶。
陛：bì，依次升高的阶梯。
陔：gāi，殿阶的次序。
际：jì，两墙相合之缝。
隙：xì，墙壁交汇之处的孔穴。
隍：huáng，护城的壕沟。
院：yuàn，坚固；庭院。
阵：zhèn，军队作战时布置的局势。
隧：suì，隧道。

4.表示地名。
陕：shǎn，古代弘农郡陕县。
阮：ruǎn，古代代郡五阮关。
陈：chén，古国名。
陶：táo，两重的山丘，陶丘在济阴郡。

特殊字例

"隋、堕、随、隳"中的"阝"是它们的声旁"陸（省形）、隋（省形）、隋（省形）、隋"的部件，与阜的意义无关。

隋：duò，祭祀剩余的肉；今读作suí，隋代。
堕：duò，毁坏。
随：suí，跟从。
隳：huī，毁坏、崩毁。

五、邑（阝右）部

字形演变

【邑 yì】

部首解析

《说文解字·邑部》："邑，国也。从口（wéi）；先王之制，尊卑有大小，从卪。凡邑之属皆从邑。"（译文：邑，国。从口；先王的制度，公、侯、伯、子、男，尊卑不同，有不同大小的疆域，所以从卪。大凡邑的部属字都跟邑的意义相关。）

古文字"邑"上部"囗"，表示居住的区域；下面"卪"为跪坐的人，表示人口。本义指人聚居的城池。"邑"组字时常在字的右面，战国简书演变为"阝"形，现代汉字中称其为"右耳刀"。"邑"作意符组构的字，大多与古代邦国、地名、城邑名相关。

归类识字

1.表示古代邦国。
邦：bāng，古代诸侯的封国。
邸：dǐ，战国时诸侯朝见皇帝时在京城的住所。
鄯：shàn，鄯善，古代西域国名。

邰：tái，炎帝后裔，姜嫄氏的封国。
扈：hù，古国名。
邢：xíng，周公之子的封国。
郇：xún，古国名。
邓：dèng，曼姓之国。
那：nuó，古代西方少数民族的诸侯国。今读作 nà。
郜：gào，周文王之子所封的诸侯国。
邳：pī，奚仲的后裔，商汤左相仲虺分封的诸侯国。
邗：hán，古代国名。
郭：guō，在古代齐国境内的，已灭亡的郭国的邱墟。
郧：yún，郧国，古代诸侯国之一。

2.表示古代地名。
郡：jùn，郡县。
邻：lín，五家比连叫作邻。
鄙：bǐ，五百家叫鄙。
郿：méi，右扶风郡的县名。
郁：yù，右扶风郡郁夷县。
郝：hǎo，右扶风郡鄠县、盩厔县的乡名。
郑：zhèng，京兆尹郡的县名。
邮：yóu，左冯翊郡高陵县的亭名。
部：bù，天水郡狄部。
郓：yùn，河内郡沁水县的乡名。
邬：wū，太原郡的县名。
祁：qí，太原郡的县名。
邺：yè，魏郡的县名。
邯：hán，赵国邯郸县。
郸：dān，邯郸县。
郅：zhì，北地郡郁郅县。
鄢：yǎn，颍川郡县名。
郏：jiá，颍川郡县名。
鄢：yān，南郡的县名。
鄂：è，江夏郡的县名。

邾：zhū，江夏郡的县名。
郫：pí，蜀郡的县名。
鄱：pó，鄱阳，豫章郡的县名。
醴：líng，长沙郡的县名。
郴：chēn，桂阳郡的县名。
鄞：yín，会籍郡的县名。
鄄：juàn，卫国地名。济阴郡鄄城县。
邛：qióng，邛成。济阴郡县名。
邹：zōu，鲁国县名。
郎：láng，鲁国亭名。
郯：tán，东海郡的县名。
邪：yé，琅琊郡。
耶：yé，琅琊郡。今多作语气词。
邱：qiū，地名。
郦：lì，南阳郡的县名。
邝：kuàng，姓，出庐江县。

3.表示古代城邑名。
都：dū，有已故君王宗庙的城邑。
郊：jiāo，离都城百里叫作郊。
郛：fú，外城。
酆：fēng，周文王的国都。
邙：máng，河南郡洛阳县北面亡山之上的城邑。
郗：xī，周代城邑名，在河内郡。
邶：bèi，古代商朝的城邑。
邵：shào，晋国城邑。
郤：xì，晋国大夫叔虎的城邑。
郄：xì，晋国大夫叔虎的城邑；今读作 qiè。
郢：yǐng，古代楚国的都城。
邴：bǐng，郑国的小城邑。
邕：yōng，四面有水来，相互拥抱，旋绕而成护城河。

六、水（氵）部

【水 shuǐ】

氵 甲　氵 金　氺 篆　水 隶　水 楷

部首解析

《说文解字·水部》："水，准也。北方之行。象众水并流，中有微阳之气也。凡水之属皆从水。"（译文：水，平。代表北方的一种物质。两边像许多水一同流去，中间有深隐在内的阳气。大凡水的部属字都跟水的意义相关。）

古文字"水"模拟曲折河流形，小点表示水。本义指河流。引申指液体。现代汉字中，"水"作偏旁时多写作"氵"，称"三点水"；或作"氺"，称"水字底"。"水"作意符组构的字，大多与水名、水域、水的状态、游水、渡水、水汽、雨水及用水等相关。

归类识字

1.表示水名。

河：hé，黄河。
浮：fú，水名。
潼：tóng，潼水。
江：jiāng，长江。
沱：tuó，沱江。
浙：zhè，浙江。
湔：jiān，水名。
沫：mò，水名。
温：wēn，水名。
沮：jǔ，水名。
滇：diān，滇池。
涂：tú，水名。
沅：yuán，水名。
淹：yān，水名。
溺：ruò，水名；今读作 nì。
洮：táo，水名。
泾：jīng，水名。
渭：wèi，水名。
漾：yàng，水名。
汉：hàn，漾水。
浪：làng，沧浪水。
沔：miǎn，水名。
湟：huáng，水名。
涝：lào，水名。
漆：qī，水名。
洛：luò，洛水。
汝：rǔ，汝水。
汾：fén，汾河。
浍：guì，水名。
沁：qìn，水名。
沾：zhān，水名。
潞：lù，冀州地方的川泽。
漳：zhāng，漳河。
淇：qí，淇河。
荡：dàng，水名。
灌：guàn，水名。
渐：jiàn，水名。
泠：líng，水名。
溧：lì，水名。
湘：xiāng，湘江。
汨：mì，汨罗江。

溱：zhēn，水名。
深：shēn，水名。
潭：tán，水名。
油：yóu，水名。
溜：liū，水名。
淮：huái，淮河。
澧：lǐ，澧河。
淠：pì，水名。
颍：yǐng，颍河。
洧：wěi，水名。
泄：xiè，水名。
濮：pú，水名。
泺：luò，泺水。
漯：tà，水名；另读作 luò，指漯河市。
泡：pào，水名。
菏：hé，菏泽。
泗：sì，泗水。
洹：huán，洹水。
澶：chán，澶渊水。
洙：zhū，水名。
沭：shù，水名。
沂：yí，水名。
洋：yáng，水名。
浊：zhuó，水名。
溉：gài，水名。
潍：wéi，水名。
浯：wú，水名。
汶：wèn，水名。
治：zhì，水名。
浸：jìn，水名。
渚：zhǔ，水名。
济：jì，水名。
濡：rú，濡水。
沽：gū，水名。
沛：pèi，水名。
涞：lái，水名。

泥：ní，水名。
洵：xún，过水的支流。
洇：yīn，水名。
泸：lú，水名。
潇：xiāo，水名。
瀛：yíng，水名。
滁：chú，水名。
沪：hù，水名。
涡：guō，水名；另读作 wō。
溪：xī，山里的小河沟。
沣：fēng，水名。
汴：biàn，水名。
沩：wéi，水名。
泖：mǎo，水名。
洱：ěr，水名。
浕：jìn，水名。
浠：xī，水名。
淞：sōng，江名。
渑：shéng，水名；另读作 miǎn。
淝：féi，淝水。
淄：zī，水名。
渤：bó，渤海。
滏：fǔ，水名。
滦：luán，滦河。
浈：yù，水名。
滹：hū，水名。
濉：suī，水名。
濂：lián，水名。
濠：háo，水名。
瀚：hàn，北海名。
灞：bà，水名。

2.表示与水域相关。
澥：xiè，渤澥，渤海湾。
漠：mò，北方风起扬沙之地。
海：hǎi，天然的大池泽。
测：cè，测量深度所到的地方。

浔：xún，水边。
浒：hǔ，水边。
浦：pǔ，水滨。
沚：zhǐ，小水洲。
荥：xíng，小水；另读作 yíng。
洼：wā，深的池沼。
潢：huáng，积水的池坑。
沼：zhǎo，小池。
湖：hú，大池。
洫：xù，田间水道。
沟：gōu，水道。
渎：dú，沟渠。
渠：qú，水停居的地方。
湄：méi，水与草交接的岸边。
涧：jiàn，夹在两山间的水沟。
澳：ào，水边岸地。
滩：tān，被水浸泡而枯萎。
湫：jiǎo，低湿狭小；另读作 qiū。
萍：píng，浮萍。
溆：xù，水边。
港：gǎng，江河的分流。
潴：zhū，水停聚的地方。
涯：yá，水边。
泉：quán，水的源头。
淀：diàn，浅水湖泊。
源：yuán，水泉的本源。
池：chí，水停积处。
洲：zhōu，水中的陆地。
湾：wān，河水弯曲处。
滨：bīn，水边。
濒：bīn，水边。
凼：dàng，塘、水坑。
汊：chà，河流的分岔处。
浜：bāng，停靠船只的水沟。
溏：táng，水池。
潟：xì，咸水浸渍的土地。

3.表示与水的状态相关。

泊：pò，浅水的样子；另读作 bó。
溥：pǔ，广大。
洪：hóng，大水。
衍：yǎn，水循河道流汇于海。
潮：cháo，水流像诸侯朝见天子一样奔向大海。
滔：tāo，水弥漫盛大的样子。
涓：juān，细小的流水。
混：hùn，盛大的水流。
演：yǎn，长远的水流。
涣：huàn，水流分散。
泌：mì，从狭隘处急流而出。
活：huó，水流动的声音。
泫：xuàn，清寒的水流。
浏：liú，水流清澈的样子。
滂：pāng，水广大奔流的样子。
汪：wāng，深而又广。
浩：hào，大水。
沆：hàng，大湖泽的样子。
濞：pì，水迅猛而至的声音。
滕：téng，水向上腾涌。
波：bō，水面汹涌而又流动。
澜：lán，大波浪。
沦：lún，小波纹。
滥：làn，大水蔓延。
泓：hóng，水深而广。
湍：tuān，迅疾的水流。
淙：cóng，流水声。
激：jī，水受阻碍而斜行，扬起迅疾的波涛。
洞：dòng，迅疾的水流。
汹：xiōng，水向上涌。
涌：yǒng，水向上腾跃。
浑：hún，盛大水流的声音。
洌：liè，水清澈。

第十一章 地理类

淑：shū，水又清又深。
溶：róng，水盛大。
澄：chéng，清澈；另读作 dèng。
清：qīng，水透明。
湜：shí，水清见底。
渗：shèn，水向下透漏出去。
潿：wéi，不流动的混浊水。
溷：hùn，混浊；另义水污浊的样子。
漩：xuán，回旋的泉流。
渊：yuān，回旋的水。
澹：dàn，水波摇荡。
满：mǎn，水充盈。
滑：huá，往来流利。
涩：sè，往来不流利。
泽：zé，光亮润泽。
淫：yín，随其脉理渐渐浸渍。
溃：kuì，漏水。
浅：qiǎn，水不深。
淖：nào，泥。
溽：rù，潮湿而暑热。
涅：niè，在水中的黑土。
滋：zī，增益。
浥：yì，湿润。
沙：shā，水中散碎的石粒。
濑：lài，水流过沙石之上。
沸：fèi，向上喷出、从上沾湿到下的泉水，翻涌而出。
派：pài，分支的水流。
汜：sì，主流分支流出后又流回主流。
泞：nìng，小水之貌。
滴：dī，水往下滴注。
注：zhù，灌入。
沃：wò，浇灌。
泯：mǐn，灭、尽。
潺：chán，潺湲，水声。
湲：yuán，潺湲。

涛：tāo，大波涛。
浃：jiā，周遍、通彻；湿透。
溘：kè，掩盖；忽然。
永：yǒng，水流长。
流：liú，水的运行。
沓：tà，话多像水流。
涟：lián，水面被风吹起的波纹。
法：fǎ，刑法。
泻：xiè，倾泻。
泼：pō，水漏出。
泵：bèng，石头落入水中的声音。
涨：zhǎng，水上升。
淌：chǎng，大波；今读作 tǎng。
淆：xiáo，混淆、浊水。
渣：zhā，渣滓。
渺：miǎo，水面辽阔。
溅：jiàn，用污水挥洒。
湃：pài，澎湃。
滚：gǔn，大水奔流的样子。
漫：màn，水过满向外流。
澎：péng，澎湃。
澈：chè，水清。
汐：xī，晚潮。
沌：dùn，水势汹涌的样子。
沏：qī，水声；另义水疾流的样子。
沨：fēng，宏大的水声。
渌：lù，滤取。
恬：tián，水面平静。
滟：yàn，水闪闪发光。
漭：mǎng，洪水广阔无边。
滢：yíng，水清澈的样子。
溻：tā，湿。
漓：lí，水渗入地。
漶：huàn，漫漶。
潋：liàn，潋滟。
漪：yī，水波纹。

4.表示与游水、渡水相关。

漂：piāo，浮流。
浮：fú，漂在水面。
汕：shàn，鱼在水中游的样子。
津：jīn，河流的渡口。
渡：dù，过河。
沿：yán，顺着水流而下。
溯：sù，逆水而向上行。
洄：huí，逆水而向上行。
泳：yǒng，潜没在水中而前行。
潜：qián，趟水。
淦：gàn，水渗入船中。
泛：fàn，浮。
泅：qiú，在水面上浮游而行。
湛：zhàn，沉没。
湮：yān，沉没。
没：mò，沉没；另读作 méi。
涉：shè，徒步行走而过水。

5.表示与水汽、雨水相关。

滃：wěng，云气涌起。
泱：yāng，云气涌起。
溟：míng，小雨蒙蒙。
瀑：bào，急雨；另读作 pù。
澍：shù，及时雨。
潦：liáo，雨水大的样子。
涿：zhuō，流下的水滴。
泷：lóng，细雨朦胧的样子。
沈：shěn，山岭上凹处的积水。
沉：chén，山岭上凹处的积水。
涵：hán，水泽很多。
洳：rù，潮湿。
涔：cén，浸渍。
渍：zì，浸泡。
沤：òu，长时间地浸泡。
浞：zhuó，沾湿。
渥：wò，沾湿。

洽：qià，沾浸。
浓：nóng，露水多。
泐：lè，石头因风化遇水而形成的裂纹。
滞：zhì，水流不畅。
澌：sī，水尽。
汔：qì，水干涸。
汽：qì，水干涸。
涸：hé，水枯竭。
消：xiāo，使之消灭。
渴：kě，水干涸。
湿：shī，因郁幽而潮湿。
污：wū，污秽。
润：rùn，滋润。
汀：tīng，水平。
瀣：xiè，沆瀣，夜间的水汽。
溴：xiù，水气。

6.表示与用水相关。

洎：jì，往锅里添水。
汤：tāng，热水。
涫：guàn，沸滚。
汰：tài，淘洗。
淅：xī，淘米。
溲：sōu，把米浸泡，再行浇湿。
浚：jùn，从水中挹取。
沥：lì，漉滤。
漉：lù，滤取。
潘：pān，淘米水。
泔：gān，淘米水。
滫：xiǔ，久留的淘米水。
淤：yū，渣滓。
滓：zǐ，液体里下沉的杂质。
湎：miǎn，沉迷在酒中。
浆：jiāng，带酸味的饮料。
淡：dàn，不浓的味道。
浇：jiāo，用汤汁泡饭。
汁：zhī，与别的物体和煮而形成的液体。

灏：hào，豆汁。
溢：yì，器皿中的水满而流出来。
洒：xǐ，洗涤；今读作 sǎ。
涤：dí，洗荡。
漱：shù，荡洗口腔。
沧：cāng，寒冷。
淬：cuì，用来暂时灭掉火的器具。
沐：mù，洗头发。
浴：yù，洗澡。
澡：zǎo，洗手。
洗：xǐ，洗脚。
汲：jí，从井里提引水。
淳：chún，渗漉。
淋：lín，浇淋。
渫：xiè，治井去掉泥浊。
浣：huàn，洗衣服。
濯：zhuó，洗涤。
涑：sù，洗涤。
汛：xùn，洒水、水散如飞。
染：rǎn，把布帛浸染着色。
泰：tài，滑溜。
渝：yú，变污浊。
漕：cáo，水道运输粮谷。
泮：pàn，古代天子诸侯举行宴会或作为学宫的宫殿。
漏：lòu，漏壶。
汞：gǒng，水银。
汩：gǔ，治理水。
洁：jié，洁净。
汇：huì，盛器。
酒：jiǔ，用来迁就人性的善良和丑恶的饮料。
添：tiān，增加。
淘：táo，用水洗去杂质。
涮：shuàn，荡洗。
渲：xuàn，一种绘画技法。

滤：lǜ，过滤。
汆：cuān，把食物放到沸水里稍微一煮。
滗：bì，挡住渣滓或泡着的东西，把液体倒出。
潲：shào，水激。

7.表示与体液相关。

液：yè，口液。
潸：shān，流泪的样子。
汗：hàn，人身上的汗液。
泣：qì，没有哭声而流眼泪。
涕：tì，眼泪。
尿：niào，小便。
泪：lèi，眼泪。
涎：xián，唾沫、口水。
澉：gǎn，味淡。

特殊字例

1."求"中的"冰"是由其他物形演变而来的，与水的意义无关。

求：qiú，设法得到。

2."游、鸿"中的"氵"是它们的声旁"汓、江"的部件，在字中没有独立意义。

游：yóu，旌旗的飘带。
鸿：hóng，鸿鹄鸟。

七、欠（冫）部

字形演变

【仌 bīng】

仌 甲 仌 金 仌 篆 仌 楷

部首解析

《说文解字·仌部》:"仌,冻也。象水凝之形。凡仌之属皆从仌。"(译文:仌,初冻。像水凝结成冰的样子。大凡仌的部属字都跟仌的意义相关。)

"仌"像冰凌之形。本义指水凝结而成的固体,此义后写作"冰"。由冰的颜色和特点引申为洁白、晶莹义,又引申为寒冷义。"仌"在现代汉字中常作偏旁使用,写作"冫",称"两点水"或"冰字旁"。"仌"作意符组构的字,大多与冰冻、寒冷及水等相关。

归类识字

1.表示冰冻。

冰:bīng,水凝结成坚冰。
凝:níng,结冰。
冻:dòng,冰冻。
凌:líng,冰的凌角。
凋:diāo,草木部分衰败。
冶:yě,销熔。
凇:sōng,云雾或水气凝结而成的冰花。

2.表示寒冷。

凛:lǐn,寒冷。
冬:dōng,四个时令的尽头。
冷:lěng,寒气。
寒:hán,寒冷。
况:kuàng,寒冷的水。
冽:liè,寒冷。

3.表示与水相关。

冲:chōng,向上涌流。
决:jué,使水流通行。
净:jìng,没有污垢、浊秽。
凄:qī,云雨兴起的样子。
准:zhǔn,平。
凉:liáng,薄寒。
凑:còu,水流会合。
减:jiǎn,减少。
冼:xiǎn,寒冷的样子。

特殊字例

1.习(習)中的"冫"是其意符中"羽"的两点,在字中无独立意义。

习:xí,小鸟反复地试飞。

2."次、弱"中的"冫"是由其他字(物)形演变而来的,与冰的意义无关。

次:cì,等第、顺序。
弱:ruò,曲木。

3."冯"中的"冫"为声旁,表示读音,与冰的意义无关。

冯:píng,马跑得快;今读作féng。

八、囗部

字形演变

【囗 wéi】

囗 甲 囗 金 囗 篆 囗 隶 囗 楷

部首解析

《说文解字·口部》:"囗,回也。象回匝之形。凡囗之属皆从囗。"(译文:囗,回绕。像回转一周的样子。大凡囗的部属字都跟囗的意义相关。)

"囗"像围起来的一块区域形。本义为环绕、包围。"囗"是"围"的本字。"囗"在现代汉字中不独立成字,组字时称"国字框"。"囗"作意符组构的字,大多与环绕、疆界、区域等相关。

归类识字

1.表示与环绕、完整相关。

团:tuán,圆。

圆:yuán,浑圆无缺。

回:huí,绕圈运转。

囵:lún,囫囵。

囫:hú,囫囵,物完整。

2.表示与疆界、区域相关。

图:tú,谋划而苦其难。

国:guó,邦国。

圉:yǔ,守御。

固:gù,四周阻塞。

围:wéi,防守。

3.表示与围栏、院子相关。

圈:juàn,养牲畜的栅栏;另读作quān。

囿:yòu,园苑有矮墙护卫;另义养禽兽的地方。

园:yuán,用来种植果木的地方。

圃:pǔ,种菜的地方。

啬:sè,收获谷物。

4.表示与监狱、囚禁相关。

囹:líng,牢狱。

囚:qiú,拘禁。

圄:yǔ,监牢。

5.表示方形物、圆形物。

因:yīn,席垫。

困:kùn,因衰败而倒塌的房屋。

囤:dùn,储存粮食的器物;另读作tún。

圊:qīng,厕所。

特殊字例

1."四"是由其他物形讹变而来的,与囗的意义无关。

四:sì,数目。

2."囟、囱"中的"囗"是字的部件,在字中没有独立意义。

囱:cōng,窗户。今表示烟囱。

囟:xìn,囟门。

3."囡"字形结构不明。

囡:nān,方言,小孩儿。

九、彳部

字形演变

【彳 chì】

彳币 彳篆 彳隶 彳楷

部首解析

《说文解字·彳部》:"彳,小步也。象人胫三属相连也。凡彳之属皆从彳。"(译文：彳，微小的步伐。像人的下肢大腿、小腿、脚三者相连之形。大凡彳的部属字都跟彳的意义相关。)

古文字"彳"像半边交叉路口形。本义指供人行走的道路。引申为微小的步伐。"彳"是行的左半部分，与"行"同义，其右半部为"亍"（chù），"彳亍"表示走走停停，此义今写作"踟蹰"（chí chú）或"蹢躅"（zhí zhú）。"彳"作偏旁组构现代汉字时称"双立人"。"彳"作意符组构的字，大多与行走、道路等相关。

归类识字

1.表示与行走相关。

德：dé，登高。
往：wǎng，出发。
彼：bǐ，往。
徼：jiǎo，巡查。
循：xún，顺着次序行走。
微：wēi，隐蔽出行。
徐：xú，安舒地行走。
待：dài，等候。
很：hěn，不听从；另义行走艰难。
得：dé，行走而有所得。
行：xíng，人的各式行走；另读作háng。
衙：yá，列队行进的样子。
征：zhēng，远行。
徊：huái，回环。
徒：tú，步行。
徘：pái，小步行走。
徙：xǐ，迁移。
彷：páng，徘徊、游荡。
徂：cú，往、去。
徇：xùn，迅速、敏捷。
徉：yáng，倘佯。
徕：lái，到来。
徜：cháng，闲游。
徨：huáng，彷徨。

2.表示与道路相关。

径：jìng，步行的小路。
御：yù，驱使车马。
街：jiē，四通八达的路。
衢：qú，通达的道路。
役：yì，戍守边疆。
衍：yǎn，水循河道流汇于海。

3.表示与道路、行走的抽象意义相关。

律：lǜ，普遍施行的规律。
彻：chè，撤除。
徭：yáo，徭役。

特殊字例

1."衡"中的"彳"是其声旁"行"的部件，在字中没有独立意义。

衡：héng，绑在牛角上的横木。

2."徵"中的"彳"是其意符"微（省形）"的部件，在字中没有独立意义。

徵：zhēng，征召；今读作zhǐ，古代五音之一。

名词解释

【甲骨文】也称"契文""甲骨卜辞""殷墟文字",是指商、周时代刻写在龟甲、兽骨上的文字,其笔画细劲挺直,无顿挫轻重,象形特征明显,是比较古老的文字体系。

【金文】又称"钟鼎文""吉金文字""彝铭",是指铸或刻在商、周青铜器上的铭文,其笔道肥粗,字形圆转浑厚、参差不齐,早期金文形象化特征比较突出。

【古文】是《说文》中收录的春秋战国时期流行于东方六国(齐、楚、燕、韩、赵、魏)文字的统称。

【籀文】亦称"籀书""大篆",是指《说文》中收录的春秋战国时期流行于秦国的字体,因其著录于《史籀篇》而得名。

【或体】是指《说文》所收录"重文"字体的一种,用"或从某""或作某"表示。相对于小篆字体而言,它是一种异体字。

【俗体】异体字的一种,"正体字"的对称。是指流行于民间的形体大多简化的汉字。《说文》所收录"重文"字体的一种,用"俗某从某"表示。

【小篆】亦称"秦篆",与"大篆"相对,是指秦始皇统一中国后,采纳宰相李斯的意见,在籀文基础上进行整理而在全国推行的一种书体,其字体略长,笔画横平竖直、粗细一致,有圆匀秀美之感,对汉字的规范化起到了很大作用。

【简帛文】是指20世纪70年代以来,出土的春秋战国至汉代刻在竹简或写在布帛上的文字,其形体或与古文、籀文相近,或带有明显的隶书风格,地域化特征突出,是汉字演进史上重要的过渡式书体。

【隶书】也称"佐书""史书",是由篆书简化和演变而成、流行于汉代的一种字体,字形扁宽,横划长竖划短,特点是"蚕头燕尾"、一波三折。它奠定了楷书的基础,是汉字演进史上的重要转折点,为古今文字的分水岭。

【楷书】也叫正楷、真书、正书,由隶书逐渐演变而来,形体方正,笔画平直,可作楷模,为通行的汉字手写规范字体。

【行书】介于楷书、草书之间的一种字体。因书写时如同行人之双足连续不断,故称行书。

【草书】起源于汉代,是在隶书基础上演变而来的一种便捷式书体,其主要特点是结构简省、笔画连绵。

【文字】许慎依结构方式把汉字分为文和字。许慎《说文解字·叙》:"仓颉之初作书,盖依类象形,故谓之文。其后形声相益,故谓之字。"所谓"文"就是依据事物类别描绘它们的形状,这类反映物象的书写符号称"文",一般指独体字;所谓"字"就是在"文"的基础上加形旁和声旁相互补充而滋生出的书写符号,一般指合体字。后将语言书写符号统称为"文字",不再加以区别。

【孳乳】指由初文添加形符或声符而滋生繁衍出的新字。许慎《说文解字·叙》:"文者,物象之本;字者,言孳乳而浸多也。"如"见"加形符孳乳出"苋、现、砚"等,加声符孳乳出"视、觊、觉"等。

【偏旁】旧称汉字合体字中左方部件为"偏",右方部件为"旁",后把构成合体字的部件统称"偏旁"。在现代识字教学中,教师根据部件上下左右的位置,往往将某些偏旁命名为某字旁、某字头、某字底、某字框、某字心、某字角、某字腰等。

【部首】是指同一偏旁的汉字所立的类目。东汉许慎《说文》首创,它把同一形(意)符的字归为一部,每部又以该形(意)符字为首,故称部首,多为独体字形。古代称《说文》部首或为"偏旁",或为"字原",对其进行研究的学问被称为"字原学"。依据功能和性质,有两种不同的部首:一种是文字学(造字法)原则的部首,它严格按照六书理论,只有同一形符的字才可隶属同一部首;另一种是检字法原则的部首,它完全依据后代字形,并取字形的相同部位来确定部首。如"甥""舅"二字,《说文》依据造字法原则,将其列入男部;现在字典则依据检字法原则,将"甥"列入生部,"舅"列入臼部。

【据形系联 以类相从】这是许慎在《说文》里对540个部首的编排原则。所谓据形系联,就是将形体相似的部首编排在一起,如第一卷"一二示三王玉珏"等部首为伍;所谓以类相从,就是将事类、物类相同、相近的部首排在一起,如第九卷从"豕"到"象"等部首的意义均与动物有关。

【据义系联 共理相贯】这是许慎《说文》540部部属字的编排体例,就是将意义相同、相近的字排在一起,形成小义类,再将意义相近的小义类相邻排列。编排规律主要体现为:(1)尊君避讳,凡东汉帝王的名讳排在本部第一位,并不加说解。(2)逻辑为要,按照事物的发展顺序排列,如《禾部》避帝名"秀"后,先列"稼、稿、种"等种植类字,接着列"稠、稀"等庄稼生长情况,再列"樱、秫、稻"等长成的庄稼名称,再列"移、颖、秒"等组成部分及状态,然后列"积、秩、委"等收割积藏类字,接着是"穅、秕、穰"等处理成粮食后的字,再列"稔、租、税、秋"等谷物成熟后的用途,接着列"称、科、程"等称量谷物所用字,最后是与禾相关的其他字。(3)先总后分,即整体总称在先,局部分支在后,如《木部》"橘、橙、柚"等表示果树总名的排在先,"本、根、末、果、权、枝"等表示局部、分支的排在后。(4)先实后虚,即名物词在先,体貌词接着,动作词在后,如《马部》中先排表示马品类的"骘、驹、骐、骓"等,再排表示马体态的"骄、骒、駛"等,接着排表示驾驶马动作的"骑、驾、骤、驱"等。(5)先善后恶,即吉祥美好义的字列在先,中性的列在部中,灾祸丑恶义的字列在后,如《示部》先排"礼、禧、禄、祥、福"等,再排"神、祭、祀、祝、祈、祷"等,后排"祸、祟"等。另,与部首形体重叠或相反的排在部末。

【汉字部首表】是教育部、国家语委组织制定的一部语言文字规范,自2009年5月1日实施。它规定了汉字的部首表及其使用规则,主部首201个,附形部首100

个。《汉字部首表》的使用规则是，一般应以主部首为主，但在某些情况下，可以根据需要做变通处理。主部首指不同写法的部首中具有代表性的书写形式，附形部首指附属于主部首的书写形式，多为主部首的繁体、变形或相似、从属字形。

【六书】是许慎总结和归纳的分析汉字造字方法的六种条例，即指事、象形、形声、会意、转注、假借。

所谓指事，是指看见就认识，仔细观察就可发现它的意义指向。如"本末"，就是在"木"下面或上面加"一"作指事符号，表明所指是树根或树梢。

所谓象形，就是画出相应物体的样子，让笔画随着它的形体曲线而弯曲。如"日""月"是画成太阳和月亮的样子，"牛""羊""鱼""鸟"等字也是象形字。

所谓形声，是按照事物的类别选取既有字作形（意）符，再选取声音譬近的字作声符和它相配合，构成一个新字。"江""河"即是典型的形声字，以"水"为形（意）符，"工""可"为声符。

所谓会意，是指合成两个或两个以上的基础字的字义构成一个新字。"武""信""休"是典型的会意字，即止戈（制止战争）为武、人说出的话要讲信用、人依靠木表示休息。

所谓转注，是指此类字彼此要同部首，而且意义相同能够互相训释。"考""老"即是一组典型的转注字，它们是具有同一部首"老"，且都表示老年的意思。

所谓假借，就是本来没有这个字，借用与它读音相同的其他字来寄托其意义，又称"本无其字的假借"。"令""长"是两个典型的假借字，就是用号令之"令"假借为县令之"令"，尊长之"长"假借为县长之"长"。

【通假】指在古代书面语中，用读音相同或相近的字代替本来应该使用字的现象。通俗地讲，通假字就是古人所写的白字、别字，后人亦引用之，此字与本字之间就形成了通假关系，表述为某通某、某与某通、某某通。广义上讲，通假也属于假借，是一种"本有其字的假借"。

【形旁】也称"意符""形符"，是指汉字形声字中表示该字意义范围或类别的构件，相对于声旁而言，常表述为"从某""从某某"。

【声旁】也称"声符""音符"，是指汉字形声字中具有提示读音功能的构件，相对于形旁而言，常表述为"某声""某亦声"。如"福"，从示（意符），畐（声符）声。

【意符】泛指文字中表示意义的字符，特指"形旁"。

【本字】是指与当时通行字形不同的早期书写形式，又称"初文"，相对于后起字而言。如"自"本是鼻子的意思，后因"自"假借为自己的"自"，于是又在其下部加"畀"（bí，为声符）造"鼻"代其本义，故"自"是"鼻"的本字。另，本字还指通假字中被通假的字，与"借字"相对。

【本义】指造字时所着眼并赋予所造字的意义。如"其"，甲骨文、金文字形像簸箕形，本义是簸箕；又如"要"，金文、小篆字形像女人双手叉腰形，本义指腰。

【引申义】指在字的本义基础上延伸发展出来的意义。引申的方式通常有三种，一是链条式引申，即词义呈线性引申，如"朝"（《说文》："朝，旦也。"），本义是早晨，因古时臣子拜见君王是在早晨，所以由早晨引申为朝拜；又由朝拜引申为朝拜的处所，即朝廷；由朝廷又引申为朝代等义。它的引申路径是向单一方向发展的。二是辐射式引申，即词义发散性引申，如"引"（《说文》："引，开弓也。"），本义是开弓，开弓需用手拉，由开弓引申为拉；射箭时箭被拉向后方，又引申为导引；箭被抓住，并拉向身边，所以引申为拿来的意思；弓箭被拉长，因此又引申为延长。它的引申路径是向不同方向发展的。三是综合式引申，即综合链条式和辐射式两种方式的引申方式，大多数字词的引申不是靠单纯某一方式完成的。

【假借义】指汉字因音同或音近被假借而获得的意义。如"其"的本义是簸箕，假借作第三人称代词，"其他"就是其假借义；又如"要"本义指腰，假借作动词"要求"、连词"要么"等义，"要求""要么"就是"要"的假借义。

【比喻义】一个字或词因比喻用法所形成的意义。如"粗"（《说文》："粗，疏也。从米，且声。"），本义是糙米，比喻指人不细心、马虎；再如担子，本是挑东西的工具，比喻指人的责任和任务。

【历史音变】是指语音在历史上会发生变化，即同一个字在不同的时代会有不同的读音，这种变化是在几十年、几百年，甚至几千年中逐渐形成的，所以被称作"历史音变"或"历时音变"。比如，"也"今天读作 yě，但与"也"作声符的"地"读音却相差较大，这是因为现代普通话和与古代汉语发音相比发生了很大变化，就是说"也"在造字时跟"地"的读音是相同或相似的。

【正体字】亦称"正体""正字"，是指特定时期针对音义相同汉字的多种字形或写法，由国家或社会规定而成的一种标准汉字，它是相对于异体字、俗体字而言的。

【异体字】是指音义相同，而形体构造不同的字。如《说文》里面的古文、或体、籀文和社会流传的一些俗字、别体等。

【繁体字】是指同一汉字结构较为复杂、笔画较多的字形，它往往相对于简体字而言。

【简体字】广义上讲是指同一汉字结构较为简单、笔画较少的字形，它相对于繁体字而言。狭义上简体字又称简化字，特指 1956 年以来国家发布的标准简化字形。其简化方法大致有以下几种：一是整字改换，如聖—圣、點—点；二是草（行）书楷化，如專—专、愛—爱；三是同（近）音代替，如裏—里、後—后；四是改用本字，如氣—气、雲—云、從—从；五是部分改换，如廬—庐、單—单；六是部分省略，如離—离、飛—飞；七是符号代替，如鷄—鸡（又为符号）、趙—赵（乂为符号）；八是偏旁类推，如言—讠、馬—马、金—钅、糸—纟，由这些偏旁组构的字亦进行简化。

【规范字】又作规范汉字，指经过系统整理由中华人民共和国国务院于 2013 年以《通用规范汉字表》的形式，正式公布的通行于中国大陆现代社会一般应用领域的标准汉字。规范字来源主要有两类：一类是经过简化的，有对应繁体的简体字；一类是历史上流传下来（多数是隶变之后的楷书字体）并沿用至今的传承字。

参考书目

1. 《注音版说文解字》，[汉] 许慎撰，[宋] 徐铉校定，愚若注音，中华书局，2015年。
2. 《说文解字注》，[清] 段玉裁注，凤凰出版社，2015年。
3. 《说文解字诂林》，丁福保编纂，中华书局，2014年。
4. 《说文解字今释》（增订本），汤可敬撰，上海古籍出版社，2018年。
5. 《字学论集》，王蕴智著，河南美术出版社，2004年。
6. 《说文学导论》，万献初著，武汉大学出版社，2014年。
7. 《说文解字精读》，殷寄明著，复旦大学出版社，2016年。
8. 《汉字密码》，李华强、张晗编著，河南人民出版社，2016年。
9. 《字源》，李学勤主编，天津古籍出版社，2012年。
10. 《汉字源流精解字典》，人民教育出版社辞书研究中心编，人民教育出版社，2015年。
11. 《通用规范汉字字典》，王宁主编，商务印书馆，2013年。
12. 《新华字典》（第12版），中国社会科学院语言研究所编修，商务印书馆，2020年。
13. 《中华大字典》（彩图版），冯国超编，高等教育出版社，2012年。
14. 《汉语大字典》（缩印版），汉语大字典编辑委员会，湖北辞书出版社、四川辞书出版社，1993年。
15. 《汉字源流字典》，谷衍奎编，语文出版社，2008年。
16. 《甲金篆隶大字典》，徐无闻主编，四川辞书出版社，1991年。
17. 《古文字类编》，高明、涂白奎编著，上海古籍出版社，2008年。
18. 《甲骨文字诂林》，于省吾主编，中华书局，1996年。
19. 《金文编》，容庚编著，中华书局，1985年。
20. 《文字学术语规范研究》，沙宗元著，安徽大学出版社，2008年。
21. 《语言学名词》（2011），语言学名词审定委员会编，商务印书馆，2012年。
22. 《大辞海语言学卷》（修订版），大辞海编辑委员会编，上海辞书出版社，2013年。
23. 《语言文字规范手册》，魏励编，商务印书馆，2014年。
24. 《简化字繁体字对照字典》，江蓝生、陆尊梧编著，上海辞书出版社，2007年。
25. 《简化字繁体字异体字对照字典》，张书岩主编，上海辞书出版社，2016年。
26. 《繁简字对照字典》，苏培成编，语文出版社，2007年。

27.《康熙字典》（检索本），中华书局编辑部编，中华书局，2010年。
28.《古代汉语词典》，古代汉语词典编写组编，商务印书馆，1998年。
29.《现代汉语词典》（第7版），中国社会科学院语言研究所词典编辑室编，商务印书馆，2018年。